LE GRAND LIVRE DE LA BRETAGNE

EDITIONS ESI

LE GRAND LIVRE DE LA BRETAGNE

EDITIONS ESI

Sommaire

Sommaire

La Bretagne maritime

Les côtes bretonnes

La nature reine

Avec 2730 kilomètres de côtes, la Bretagne offre des paysages très variés où sont alternés falaises, dunes, vasières et estuaires. Sauvage et torturée avec ses multiples criques et pics rocheux, la Bretagne sait aussi séduire les amateurs de farniente et de bains de mer avec ses grandes étendues de sable fin. Alors, avec les beaux jours, direction la plage ! Difficile de résister plus longtemps aux plaisirs de la baignade.

À l'embouchure de la Rance, Dinard se développe au XIXe siècle grâce à l'enthousiasme de l'aristocratie anglaise pour cette station. De nombreux hôtels et villas sont alors construits, à l'ombre des palmiers où fleurissent les camélias. Cette atmosphère est toujours perceptible aujourd'hui lorsque l'on emprunte les promenades aménagées le long de la mer. Ainsi, la ville a parfaitement su allier équipements touristiques et sportifs avec élégance passée.

Des plages mondaines aux plages sauvages

Derrière les grandes plages de sable fin de Dinard se cachent de petites anses plus retirées et accessibles à pied, en empruntant les trois promenades qui se succèdent le long de la côte, de la Vicomté jusqu'à Saint-Lunaire. La plage du Prieuré, la grande plage de l'Écluse et celle de Saint-Enogat sont les plus fréquentées. Les plages de Port-Salut et de Port-Riou, le long de la promenade de la Malouine, ainsi que celle de Port-Nican sur la pointe de la Vicomté, ont également leur charmve particulier. Enfin, la plage de Port-Blanc, touchant Saint-Lunaire, demeure la plus familiale. Pour les petits comme les grands, c'est l'occasion de découvrir les plaisirs de la plongée, de la voile, de la glisse ou même du kayak de mer. Et si les conditions météo ne sont pas propices aux bains de mer, vous pourrez tout de même aller faire des longueurs dans la piscine… olympique !

Le Val-André, protégé des vents

Entre la pointe fortifiée de Château-Tanguy au nord et la pointe de la Guette où se niche le port de Dahouët au sud-ouest, le site de Pléneuf-Val-André est idéalement protégé des vents dominants. La station balnéaire est née en 1880 à la Belle Époque. Longue de 2,5 kilomètres, la plage du Val-André s'étire jusqu'à l'anse de Piégu, surnommée le « petit Nice » tant cette plage est abritée et ensoleillée. Le long de la digue réservée aux piétons, les villas balnéaires se succèdent. Plus loin, la plage des Vallées, plus sauvage, se trouve surplombée par un golf de 18 trous, tandis que la plage de la Ville-Berneuf rejoint Erquy. Les enfants pourront y pratiquer de nombreuses activités, notamment la pêche à pied lorsque la marée est basse. Entre la côte et l'îlot du Verdelet, un phénomène naturel unique se produit : une bande de sable de 400 mètres, le tombolo, sépare la mer en deux. Il est composé de sable, de galets et de petits rochers entassés par les courants marins au fil du temps. C'est un site privilégié pour observer les nombreuses espèces de crustacés, mollusques et coquillages.

Saint-Cast-le-Guildo, la famille avant tout

À la pointe de la presqu'île, les habitants de Saint-Cast-le-Guildo coulent des jours heureux depuis le XIXe siècle. C'est la station balnéaire familiale préférée des estivants depuis cette époque. La station ne compte pas moins de sept plages de sable fin et des paysages remarquables. Ses infrastructures sportives et culturelles proposent de multiples activités. Les 30 kilomètres de sentiers côtiers qui sillonnent les falaises de la baie de la Frênaye à l'embouchure de l'Arguenon offrent aux promeneurs le spectacle grandiose du littoral breton.

Quiberon, la plage insulaire

Cette langue de terre, rattachée au continent par une flèche de sable appelée tombolo, a gardé son caractère insulaire. À l'ouest de la presqu'île, la côte sauvage au tempérament bien trempé dévoile ses falaises escarpées, ses criques et ses plages de galets ou de sable. À l'est, une succession d'étendues de sable agrémentées de dunes dorées permet aux estivants de s'abriter du vent. Car Quiberon est protégée des houles du large par la forme même de la presqu'île et par les îles qui ponctuent l'entrée du golfe du Morbihan. Quiberon, qualifiée de premier plan d'eau d'Europe, peut recevoir tous les types d'épreuves de voile et de compétitions nautiques nationales et internationales. Son bassin est également idéal pour les débutants et les excursions familiales.

Bénodet, vue imprenable

Depuis le pont de Cornouaille qui enjambe l'Odet, à quelque 70 mètres de hauteur, la vue sur Bénodet est imprenable. De la rencontre de la rivière et de l'océan sont nés un port de plaisance et une station balnéaire très recherchés. La palette des structures de loisirs est large et peut s'adapter à tous les goûts : casino, thalassothérapie, hôtels de qualité, équipements sportifs haut de gamme et surtout une plage de sable blond abritée du vent. Pour s'évader encore davantage, certains choisiront de suivre l'onde tranquille de l'Odet, d'autres s'offriront une escapade vers les Glénan, paradis des amateurs de voile.

La côte des Abers, le bout du monde

À l'extrême ouest de la pointe bretonne, la côte des Abers est aussi appelée côte des Légendes. Cette partie sauvage du Finistère nommée Penn ar Bed, c'est « le bout du monde ». Autrefois, ces énormes blocs de rochers ont causé la perte de nombreux naufrageurs. Corsaires et pirates hantent encore les lieux. Mais aujourd'hui, ces brisants abritent d'accueillantes plages de sable, comme celles de la célèbre station de Brignogan-Plages qui a, dès le XIXe siècle, trouvé sa vocation balnéaire. De l'Aber Benoît à l'Aber Wrac'h, ces bras de mer rentrant dans les terres, les nombreuses plages sont devenues d'immenses espaces de découverte et de plénitude : un paysage dont on ne se lasse toujours pas.

Surf et dunes

La vaste baie d'Audierne en pays Bigouden se pare d'une immense plage de sable face à l'ouest. Elle est coupée au sud par la Pointe de la Torche, une avancée rocheuse s'enfonçant dans l'océan. Ce site unique et remarquable est le spot de surf incontournable du Finistère sud. Sur fond de dunes et de champs sablonneux, les étendues de sable accueillent les passionnés de surf, de planche à voile, de kitesurf, wakesurf, bodyboard et de char à voile. Avec une houle déferlante, des courants violents et un vent omniprésent, les vagues peuvent atteindre jusqu'à 3 mètres, un vrai petit paradis pour les amateurs de sensations fortes.

Houat

Elle a tout d'une grande !

Au-delà de la presqu'île de Quiberon, Houat, Hoëdic et Belle-Ile bouclent, au large, cet écrin qu'est le golfe du Morbihan. Houat et Hoëdic sont les deux petites sœurs de l'incontournable Belle-Ile, la plus vaste des îles bretonnes. Mais elles cultivent toutes une certaine idée de la nature, du calme et du respect face à un paysage sauvage et grandiose. Embarquement pour ces escales de rêve.

Avec ses 288 hectares, ses 5 kilomètres de long et 1,5 de large, Houat est un espace préservé. Son rivage est accessible de partout, par les 17 kilomètres de sentiers côtiers qui le parcourent. Le sable est fin, la végétation est rase et fleurie, la faune est abondante sur ces terres sauvages. Entre les criques et les falaises, de superbes plages accueillent les touristes l'été. La plage de Treach'er Goured, à l'est, est protégée par ses dunes et mène jusqu'au port. À l'ouest, celle de la pointe Trearch' er Benigued. De jolies balades en perspective.

Une île qui a une âme

L'arrivée au port Saint-Gildas vous entraînera immédiatement au cœur de l'île. En effet, la pêche est le premier vivier de ressources des habitants. Quelque 390 personnes habitent sur l'île l'hiver, mais l'été c'est une multitude de voyageurs qui débarquent. Le village se concentre autour de l'église Saint-Gildas, du nom du moine écossais venu s'y retirer au VIe siècle. Les maisons des pêcheurs sont traditionnellement peintes en blanc et bleu. Pour éviter la prise au vent, les rues du village sont étroites et les maisons serrées.

Hoëdic

Un bain de nature

Difficile de faire plus naturel que cette île. Ici, pas de voiture, pas de motos, tout se fait à pied dans le plus pur respect de la nature environnante. Un charme qu'ont voulu conserver les habitants de ces 210 hectares de verdure perdue au milieu de l'océan. Située à une encablure de Belle-Ile, Hoëdic réserve de très belles surprises au promeneur qui sait profiter de cette atmosphère si particulière.

À Hoëdic, pas de voitures, pas de motos, bref… pas de moteurs pour troubler la tranquillité. Les 210 hectares de silence appartiennent à ceux qui le respectent. Pour profiter du paysage, il suffit de s'engager sur le sentier côtier. Au nord-est de l'île, la pointe du Vieux Château est l'un des sites les plus sauvages. Ici, seuls les cris des mouettes viendront perturber votre promenade parmi les criques, les amas rocheux et les vestiges de constructions.

La dernière sentinelle

Il reste à Hoëdic, qui fut, avec Houat, l'une des sentinelles de Belle-Ile, des vestiges de constructions militaires en partie enfouis dans

la dune, comme le fort construit en 1859. Plus loin, la pointe de Beg Lagad exhume une tour Vauban construite en 1693. La nature semble avoir repris ses droits. Autour du port d'Argol mouillent une dizaine de bateaux de pêche et quelques plaisanciers. Au sud de l'île, c'est le petit port de la Croix qui abrite dans son chenal les différentes embarcations.
Le village, quant à lui, est construit au pied de l'église Saint-Goustan, aux nombreux ex-voto marins. Les quelques maisons serrées les unes contre les autres sont celles des familles de pêcheurs, soit moins de 150 personnes au total.

Belle-Ile-en-Mer

La perle de Bretagne

La perle des îles du Ponant porte son nom à merveille. Dès que les côtes apparaissent, l'émotion est là et elle grandit jusqu'à ce que le bateau s'amarre au quai du port du Palais ! La suite de la balade réserve bien des surprises : un patrimoine unique et des paysages bouleversants.

Le Palais

À une heure de traversée, se trouve un petit coin de paradis. Avec la citadelle Vauban qui surplombe la ville et les quatre bassins du port. De la basse ville où les maisons, hôtels et restaurants se serrent au plus près le long des ruelles jusqu'à l'arrière-port et l'imposant fossé qui délimite la citadelle, deux mondes se côtoient. En effet, la vie au Palais, capitale de l'île, est aujourd'hui rythmée par les va-et-vient des ferries mais aussi par les pêcheurs qui viennent vendre leurs poissons à la criée. Une ambiance chaleureuse à découvrir.

La citadelle

Du haut de son rocher schisteux, ce promontoire militaire est unique en France avec son enceinte urbaine fortifiée où est aménagée une promenade. Noyé dans la végétation, le point de vue sur le port et le bourg depuis le bastion du Dauphin est grandiose. Le musée historique, installé dans les casemates Louis-Philippe voûtées en feuilles d'érable, permet d'apprécier la prouesse technique et militaire de cet imposant édifice. Construite à l'origine en 1549, elle fut rapidement agrandie par Fouquet d'abord, puis par Vauban le visionnaire.

Les points cardinaux

Outre la découverte du port du Palais, la visite des bourgs de l'île s'impose. Bangor possède le territoire le plus sauvage et le plus exposé aux vents. Aux aiguilles de Port-Coton, l'écume de l'océan a entaillé la falaise rocheuse et le combat vu d'en haut est saisissant. À Sauzon, la quiétude contrastera avec les turpitudes de la côte. Bien abrité des vents dominants, le port est un havre de paix. Plus loin, la Pointe des Poulains où Sarah Bernhardt habita, les menhirs de Jean et Jeanne et les plages de Donnant sont incontournables. Au sud, Locmaria s'affiche par son activité… agricole ! Point culminant de l'île, la ville conjugue à merveille l'élevage sur son plateau et les falaises les plus hautes de l'île. C'est ici aussi que de vastes plages accueillent les estivants : Port-Andro, Samzun et celle des Grands Sables, une étendue de deux kilomètres, idéale pour les sports nautiques.

Des sites à protéger

Le Conservatoire de l'espace littoral veille au grain. Face au succès de l'île, les sites protégés comme la Pointe des Poulains, la grotte de l'Apothicairerie et les dunes de Donnant réclament une vigilance de tous les instants. La Pointe des Poulains impressionne toujours : balayées par les forts coups de vent, les falaises déchiquetées semblent résister alors que la côte recule inexorablement chaque année. Sur la falaise, les pelouses littorales et les landes martelées par les pas des visiteurs restent pourtant l'habitat idéal des oiseaux. Sur les dunes de Donnant, des sentiers balisés permettent de découvrir la faune et la flore du site en les respectant. Il en est de même pour les cavités creusées dans la roche du site de l'Apothicairerie. Aujourd'hui fermée au public, elle doit son nom aux nids d'oiseaux marins disposés symétriquement à l'intérieur de la grotte sur les parois, tels des bocaux posés sur les rayonnages d'une pharmacie.

Un éternel ressourcement

Les eaux pures de Belle-Ile ont inspiré les professionnels de la thalassothérapie qui se sont installés face à l'océan, aux abords de l'anse du Goulphar. Pour une parenthèse de calme, mais aussi de tonicité et de vivacité.

Des citadelles

Du côté de la mer

En Bretagne, quelle que soit votre destination, vous ne serez jamais très loin de l'une des prestigieuses cités construites par Vauban, qui ponctuent le paysage breton. Symboles d'excellence en matière de défense militaire, elles attirent aujourd'hui de nombreux touristes et offrent un aperçu saisissant de l'histoire de la Bretagne.

Saint-Malo, repaire de corsaires

Dès 1689, Sébastien Le Prestre de Vauban entreprend de réorganiser un grand nombre de sites et d'adapter son système de fortifications aux progrès de l'artillerie lourde. Premier port de commerce de France, Saint-Malo possède aussi la particularité d'être située à quelques milles marins des côtes anglaises et de sa surpuissante marine. Il n'en fallait pas tant pour que Vauban choisisse ce port comme tête de pont de cette nouvelle stratégie. Il dessine alors rapidement des plans et fait transformer le port de marée en un bassin à flot, puis édifier une muraille autour de la vieille ville, pour la protéger. Commencez votre visite en entrant par la Porte Saint-Vincent ou la Porte Saint-Thomas : vous découvrirez un monde fait de ruelles, de maisons élevées et d'échoppes qui vous transporteront dans ce que fut Saint-Malo autrefois. Cet ancien repaire de corsaires et de pirates abritait des marins prêts à tout. Partiellement détruite en 1944, la ville a été reconstruite à l'identique et a su conserver tout son cachet.

Le tour des remparts

Vauban utilise des remparts existant depuis le XIIe siècle pour fortifier la cité. Il les développe et augmente leur taille afin de mieux résister aux tentatives d'invasions anglaises. Les remparts ont la particularité d'être posés sur le rocher qui supporte la ville intra-muros, ne tenant que par le poids des pierres empilées. Aujourd'hui, le tour des remparts est le lieu où tous les Malouins se donnent rendez-vous. Cette longue ligne continue de près de deux kilomètres est sertie de bastions, des vestiges d'un autre temps. Aujourd'hui, ce n'est plus la menace anglaise qui gronde, mais seulement la mer en venant se fracasser contre les récifs de la baie.

Les derniers bastions

Le long de la promenade des remparts, les murs même racontent une histoire. Le panorama sur la baie de Saint-Malo, ponctuée par l'île du Grand Bé, le Fort du Petit Bé et le Fort national, est saisissant. L'ancien Fort royal a été conçu selon les plans de Vauban par l'ingénieur Siméon Garengeau sur le rocher de l'Islet dès 1689. Il devint Fort national après la révolution de 1789. Désormais, c'est une propriété privée. Les visites permettent de découvrir ce navire de guerre armé de nombreux canons, son pont-levis, le bastion et la soute à munitions. Depuis les remparts de Saint-Malo, on mesure toute la puissance de ce corset de murailles.

Le Grand Bé et le Petit Bé

Pour parfaire la défense rapprochée de Saint-Malo, Vauban construit le Fort du Petit Bé en 1693. Ce redoutable bastion possède encore son logis, la poudrière et les ouvrages militaires. Là aussi, la visite permet d'apprécier une vue exceptionnelle sur toute la ville. Devant lui, sur un bloc rocheux appelé le Grand Bé, repose l'écrivain Chateaubriand depuis 1848, selon ses dernières volontés. L'île est accessible à marée basse, en longeant son flanc droit.

Camaret
Un sillon protecteur

Une fois de plus, Vauban a réalisé un ouvrage qui a défié les siècles du haut de ses tours. Aujourd'hui, la fière cité militaire s'est transformée en une tranquille station balnéaire. Au milieu des vestiges de la guerre franco-anglaise se promènent des familles en villégiature, découvrant avec étonnement un fortin imposant jadis appelé « la Tour dorée ».

Au bout de la presqu'île de Crozon, Camaret est une tranquille station balnéaire dotée d'un port de pêche. Son anse, protégée, est presque entièrement fermée par une digue naturelle, appelée le Sillon. Plus loin, c'est une imposante tour polygonale flanquée de murailles qui retient toute l'attention. Ce fortin est l'œuvre de Vauban qu'il appelait affectueusement « ma Tour dorée », certainement en raison de son parement orangé. Ses trois étages s'imposent dans ce paysage. Cette puissante batterie semi-circulaire constitue un des plus beaux exemples de fort à la mer à batterie basse et tour à gorge, un prototype qui a fait école. De plus, sa performance militaire n'enlève rien à son harmonie architecturale, ses volumes, ses couleurs et ses matières.

La preuve par les faits

En guerre contre les Anglais et les Hollandais, Louis XIV dépêche donc Vauban en Bretagne afin de pourvoir à la défense du pays. Le site hautement stratégique de Camaret n'échappe pas au commissaire général des fortifications qui y voit le meilleur point de surveillance de l'entrée du goulet de Brest et de son grand port militaire. Les événements lui donnèrent très rapidement raison. En effet, en 1694, Vauban brise l'assaut d'une flotte anglo-hollandaise constituée de 147 vaisseaux. Depuis la tour, l'artillerie, restée bien à l'abri, a pu déployer toute sa puissance de feu. Par cet exploit militaire, Vauban est parvenu à mesurer, mais également surtout à montrer, toute l'efficacité de sa construction.

Concarneau
Destination phare

Au creux de l'anse de Cornouaille, Concarneau vit entre terre et mer, plages et pinèdes, port et Ville close. La Ville close est l'un des sites les plus visités de Bretagne. Les remparts de la Ville close racontent fièrement six siècles d'évolution de fortification militaire.

Le fil conducteur

Dès le Moyen Âge, la cité maritime nichée sur l'île de Conq est très fréquentée. Le château et de nombreuses maisons à colombages occupent la rue principale ainsi que les ruelles longeant les remparts. Les simples palissades et fossés du XIIIe siècle, se transforment au XVe et au XVIe siècle en une véritable barrière de granit qui ceint la ville. Ces remparts exemplaires étaient percés de trois poternes. Celle qui faisait face à l'ouest était flanquée d'un imposant donjon, demeure des différents gouverneurs, et d'une tour de munitions.
Intégrant Concarneau au système défensif de la province de Bretagne, Vauban décide de moderniser la fortification de la ville. De 1692 à 1694, il renforce la tour d'artillerie et la tour du gouverneur encadrant le front d'entrée par un chemisage en granit et supprime aussi les toits des tours afin d'y placer de l'artillerie

lourde sur des plates-formes. Puis, il adapte une nouvelle porte comprenant un pont-levis et un fossé en arrière d'une nouvelle demi-lune qui renforce la pointe de l'îlot. Côté mer, l'ingénieur dote l'enceinte d'embrasures plongeantes aux meilleurs endroits, face aux points stratégiques. De nos jours, la promenade sur les remparts reste l'un des grands moments de découverte de cette prouesse technique. À travers les meurtrières, la vue sur la ville nouvelle d'un côté et le port de l'autre vous ravira. La rue principale, appelée aujourd'hui rue Vauban, est restée très commerçante, dans une ambiance médiévale.

Port-Louis
Une situation stratégique

L'une des citadelles les plus fascinantes qui soient. Si l'austérité de ses pierres est de prime abord rebutante, Port-Louis reste l'exemple le plus éclatant de l'importance des conceptions de Vauban en matière défensive. Et si la ville existait bien avant l'arrivée de ce génie militaire, les transformations qu'il a apportées lui donnent toute sa splendeur.

Sur la rive gauche du Blavet, la citadelle de Port-Louis reste un fleuron de l'architecture militaire du XVIIe siècle. Elle fut la sentinelle de la rade de Lorient, au temps où les deux ports prenaient leur essor en développant le commerce avec les Indes. La Compagnie des Indes y établit alors son port d'armement, ses entrepôts et son siège jusqu'en 1769, date à laquelle elle disparut, victime d'un libéralisme naissant qui la mettait en concurrence. La citadelle accueille désormais le musée dédié à la prestigieuse Compagnie aux côtés du musée de la Marine : tous deux racontent la grandeur passée et actuelle de Port-Louis.

Un destin tout tracé

La citadelle a été édifiée par les Espagnols lors des guerres de religions, dès 1590, et elle fut achevée sur ordre de Richelieu en 1637. Il fait alors compléter les travaux de fortifications et réaliser la demi-lune et le bastion de la poterne Saint-Nicolas. Au milieu du XVIIe siècle, une enceinte fortifiée entourant la presqu'île fut bâtie : une quarantaine d'hectares dont la ville n'occupe que le tiers. Lors de sa visite en 1683 à Port-Louis, Vauban ne put que s'incliner face à ce bel exemple d'architecture militaire. Cet imposant édifice en forme de rectangle était protégé par une demi-lune et bastionné aux angles et sur les côtés. Sur le front de mer, une courtine et des tours creuses s'étendaient à perte de vue, tandis que le front de terre s'armait d'un bastion et de deux demi-bastions renforcés par des terre-pleins. C'est sur ces bastions trop aigus et en surnombre que Vauban formulera ses critiques. Sa thèse défensive appliquée aux nouvelles guerres n'y trouvait pas son entière application. Cependant, il louera à juste titre l'efficacité et la beauté de cette citadelle aux lignes et aux volumes remarquables.

Côte du Goëlo

Paimpol, l'air de la mer

Théodore Botrel a rendu célèbre la ville avec sa fameuse chanson « La Paimpolaise ». Pierre Loti y a enraciné aussi son roman phare Pêcheurs d'Islande. Paimpol reste aussi pour tous la ville des pêcheurs de morue à Terre-Neuve et en Islande.

L'esprit marin gonfle encore l'air de Paimpol même si l'aventure de la morue est bel et bien révolue. La plaisance et la pêche côtière ont pris la place des goélettes, et la ville s'est spécialisée dans l'ostréiculture et le tourisme. Le port s'est transformé en marina accueillante avec ses restaurants et ses berges aménagées pour la promenade. Bien à l'abri au fond de sa baie, Paimpol est désormais un port qui respire plus la détente et le loisir que la grande équipée. Pourtant, tous les deux ans, le Festival du chant de marin éveille les mémoires et les rites. Paimpol rend ainsi hommage à la marine traditionnelle et aux navigateurs. Ce festival étonnant et voyageur puise dans la musique et le récital marin le souvenir de l'aventure maritime.

L'âme paimpolaise

Place du Martray ou quai Morand, de nombreuses maisons d'armateurs et de vieilles demeures racontent encore l'histoire de

Paimpol. Un écheveau de ruelles aux noms évocateurs s'enlace dans les rues principales pour déboucher vers le port. Partout, les pierres conservent les récits des « Islandais » qui racontaient leurs exploits de pêche. Dans une ancienne sécherie de morues, le musée de la Mer évoque la vie de ces hommes. Aujourd'hui, le centre-ville est coloré chaque mardi matin par un marché très animé qui s'étire dans toutes les rues de Paimpol.

Abbaye de Beauport

Des ruines en bord de mer

Dans un écrin de verdure, les ruines de l'abbaye de Beauport inondent de leur lumière ce site d'une beauté exceptionnelle. Spiritualité et nature s'unissent ici pour le meilleur.

La mer à proximité, une végétation généreuse protégée par une large baie… C'est dans ce lieu propice à la méditation que l'abbaye a été élevée par la volonté du comte de Goëlo, en 1202. L'histoire raconte qu'elle était la plus belle de toute la Bretagne. Désaffectée en 1790, elle ne présente plus que des ruines, mais on remarque encore la richesse des ogives, des arcs et des piliers dans les restes de la salle capitulaire, la façade, la nef à ciel ouvert et le cellier. Derrière le cloître et le vaste réfectoire à l'entrée très élégante se dessine l'horizon marin. On décèle dans l'atmosphère qui règne sur ce site toute la magnificence et la puissance que pouvait dégager cette abbaye.

La baie de Paimpol

Sur les pas des douaniers

La baie de Paimpol est un concentré de Bretagne où la mer, les rochers et la végétation ont rendez-vous. Entre récifs, baies, anses, landes de mer et bruyères, le paysage est à couper le souffle.

Pour partir à la découverte des plus beaux points de vue de la baie de Paimpol, il suffit de suivre le sentier des douaniers qui longe toute la côte et laisse apparaître, au gré des falaises arrondies et des rochers, un panorama imprenable. Le balisage du GR 34 permet de se repérer dans cet itinéraire iodé. Pour des plus petits parcours, neuf boucles de randonnées pédestres, le long du littoral ou à l'intérieur des terres, permettent de découvrir la baie, de relier les deux grands sites classés que sont l'abbaye de Beauport, site du Conservatoire du littoral, et la pointe de Guilben. Un circuit des falaises, signalé par des panneaux, offre un parcours à sensations face à un panorama grandiose. Il part de la pointe de Minard, qui découvre toutes les anses et les criques qui mènent à la baie de Saint-Brieuc, puis se dirige vers la pointe de Bilfot ou pointe de Plouézec. Depuis cet éperon rocheux, on peut admirer l'ensemble de la baie. C'est ici que les Allemands avaient établi un poste du Mur de l'Atlantique. Une stèle célèbre l'opération « Fahrenheit » où un commando britannique, en novembre 1942, attaqua et fit prisonnier les occupants.

L'huître « la Paimpolaise »

La côte vit aujourd'hui du tourisme et de l'ostréiculture. L'huître de la baie de Paimpol est l'huître du grand large par excellence puisqu'elle est élevée en pleine mer, dans toute la baie. Grâce aux différences des hauteurs des marées, la « Paimpolaise » bénéficie d'une oxygénation optimale et d'un apport constant en eau nouvelle et en nourriture. Cette huître plate, à la coquille ronde et plutôt lisse, a une chair croquante et ferme. Il est intéressant de découvrir le paysage de la baie à marée basse, le spectacle est alors tout autre. À Port Lazo, dans l'anse de Kerarzic, on peut voir les parcs à huîtres qui s'étalent sur plusieurs dizaines d'hectares.

Plouha

Le pays des hautes falaises

Bordée de pointes et de falaises, Plouha cache aussi dans ses criques et ses anses des trésors maritimes comme la plage et le port de Gwin-Zegal. À la découverte de ses mouillages ancestraux.

Le GR 34 longe la commune sur ses 14 kilomètres de côtes avec toujours une vue imprenable sur ce splendide panorama. La côte de Plouha est particulièrement riche par ses dénivelés, ses contrastes et ses records : la pointe de Plouha est la falaise la plus haute de Bretagne. Elle domine la baie de Saint-Brieuc de ses 104 mètres. Entre deux pointes, il existe des havres de paix. La plage de Gwin-Zegal est classée au patrimoine maritime. Elle abrite des mouillages ancestraux, constitués de troncs d'arbres fixés au sol par de gros blocs de pierre. Les bateaux sont amarrés entre les troncs à l'aide de chaînes et de cordages. Le mouillage de Gwin-Zegal est l'un des tout derniers de ce type encore en activité.

Binic

La cité des embruns

La côte du Goëlo alterne falaises vertigineuses et plages bienfaitrices, rochers rétifs et ports accueillants. Et Binic réunit ce qu'il y a de plus chaleureux sur cette côte.

Le charme de Binic opère dès l'arrivée au port. Si jusqu'au début du XXe siècle, il était un des principaux ports bretons d'où partaient les goélettes vers les bancs de Terre-Neuve et d'Islande, il accueille maintenant principalement des plaisanciers. Le port et les plages de sable fin sont bien protégés de la houle par les deux digues qui en obstruent l'accès. Depuis la jetée Penthièvre, la vue sur les cabines de plage, les pins et le port forment une véritable image idéale de la station balnéaire. Sur le GR qui continue sur Binic, la vue depuis la pointe de Trouquetet s'étend sur toute la baie de Saint-Brieuc jusqu'au cap d'Erquy.

Saint-Quay-Portrieux

L'éden des plages

Loin des goélettes, des pêcheurs de Terre-Neuve et d'Islande, Saint-Quay-Portrieux sait aujourd'hui allier pêche côtière et tourisme avec ses ports et ses plages.

Saint-Quay-Portrieux est une grande station balnéaire agrémentée de trois belles plages de sable fin. Les plages du Casino, du Châtelet et de la Comtesse, avec son île du même nom accessible à marée basse, font la joie des vacanciers et des habitants de la baie de Saint-Brieuc. Le port de Portrieux est animé par une flottille de pêcheurs de poissons, de crustacés et de coquilles Saint-Jacques. Il est secondé par le port d'Armor, inauguré en 1990. Il est le seul port en eau profonde entre Cherbourg et Brest. Le GR longe là aussi les côtes escarpées de Saint-Quay-Portrieux, à la pointe du sémaphore, une table d'orientation permet d'identifier les points caractéristiques du large, de Bréhat au cap Fréhel.

Le Mont-Saint-Michel pour horizon

Une anse baignée de lumière

Partagée entre la Normandie et la Bretagne, aux confins du golfe normand-breton, la baie du Mont-Saint-Michel est la merveille de la porte Nord de la Bretagne. Ce site classé au patrimoine mondial de l'Unesco est un lieu privilégié qui permet d'observer et d'admirer un grand nombre de phénomènes.

La baie du Mont-Saint-Michel se déploie jusqu'à Cancale le long d'une côte de plus en plus découpée. Baigné par les marées les plus fortes d'Europe, le paysage maritime de la baie est fait de plages, d'herbus et de dunes. De longues plages à très faible pente s'étirent sur tout le côté ouest de la baie avant de se faire plus sauvages au fur et à mesure que l'anse se referme sur la pointe du Grouin. Au milieu du XIXe siècle, une immense digue va couvrir toute cette partie plate de la baie. Va suivre alors un siècle de poldérisation où l'homme partira à la conquête des terres. Les territoires de mer forment alors un vaste ensemble de cultures maraîchères. La zone de polders et de marais blancs produit carottes, salades, poireaux, ails… C'est un véritable patchwork cultivé qui s'offre au gré de la promenade le long de la digue de l'ouest. Depuis le mont Dol, le panorama s'étire à perte de vue sur le bocage, les marais et les polders avant de se perdre dans l'immensité maritime. Sentiers côtiers, chemins creux et petites routes permettent de s'immiscer dans ce monde où la lumière joue avec les éléments. Les grèves spongieuses alternent avec les herbus généreux et l'eau, omniprésente, gorge autant les marais que les sables. Le Mont-Saint-Michel se profile dans ce paysage toujours changeant, le vert des cultures se mêlant au bleu du ciel et de la mer.

Polders et moutons

Le mouton, roi des herbus

Les aménagements des digues sur la baie ont permis de gagner sur la mer des terrains consacrés à l'agriculture mais aussi à l'élevage. Ici, c'est le mouton qui est roi. Il reste indissociable de cet horizon maritime et culturel.

Les polders, ces espaces conquis sur la mer, sont tapissés par les herbus. Ce sont des prairies naturelles recouvertes d'une végétation qui tolère le sel marin. On les trouve dans la partie supérieure de l'estran. Le mouton fait partie intégrante du paysage de la baie du Mont-Saint-Michel. Le long des routes qui la bordent, on peut admirer des centaines de bêtes paissant tranquillement, tandis que le flot des voitures allant jusqu'à la « merveille » ne cesse d'avancer. Il n'est pas rare de les voir bloquer la route qui mène au Mont quand ils décident à deux, ou à deux cents, de traverser la voie. Les troupeaux de moutons sont en totale liberté. Ils gambadent à leur rythme sur ce sol en perpétuel mouvement. Dès leur plus jeune âge, les agneaux sont libres de déambuler parmi ces herbes au goût marqué. Ce pâturage du domaine public qui voit sa prairie naturellement tondue depuis des siècles occupe environ 3 000 hectares d'herbus et représente une activité à part entière pour plus d'une soixantaine d'éleveurs. Les herbus sont aussi appelés « prés salés » lorsqu'ils sont pâturés par les moutons. Régulièrement recouverts lors des grandes marées, l'herbe qui y pousse prend le goût du sel et les moutons qui s'en délectent ont une saveur particulière. Le goût inimitable de leur chair en fait un produit très recherché des gourmets.

Le mont Dol

Un site majeur

Le mont Dol demeure un site incontournable sur le plan archéologique : témoin de l'évolution de l'homme, il est marqué depuis la nuit des temps par la vie et le sacré.

Du haut de ses 64 mètres, le mont Dol se dresse au-dessus des marais. Ce tertre de légende a été tantôt île, tantôt montagne, au gré des différentes glaciations, mais il a toujours occupé, au cœur de la baie, une place prépondérante. Pour mieux apprécier le site, il est conseillé de laisser la voiture au parking, en bas du mont, et de se lancer dans l'ascension à pied. Le temps vous accompagne jusqu'au sommet, jusqu'à un autre monde… La silhouette mystérieuse et fascinante du mont Dol tient toutes ses promesses : au sommet, le panorama somptueux sur la baie se mêle à la magie des lieux. En haut, on peut visiter la chapelle Notre-Dame-de-l'Espérance, la tour Notre-Dame, le rocher des « Griffes du diable », le moulin, l'un des deux derniers d'Ille-et-Vilaine qui dispose encore de son mécanisme complet. Le mont Dol est la mémoire des temps des origines.

Cherrueix

Capitale du char à voile

Au cœur de la baie, Cherrueix vit des jours heureux le long de sa grève interminable. Devant le village, une vaste étendue de sable et de coquillages se découvre chaque jour au fil des marées.

À mi-distance entre le Mont et Cancale, Cherrueix s'étend le long de vastes étendues de sable où le char à voile est devenu roi. Sept kilomètres de plages font le bonheur des passionnés de sensations fortes au cœur de la baie, tandis qu'au loin sont élevées les moules de bouchot. La ville est aussi réputée pour ses huîtres et sa pêche à pied pour les plus expérimentés, au large, sur le banc des Hermelles. On peut aussi y admirer la chapelle Sainte-Anne édifiée en hommage à Anne de Bretagne qui fit construire une digue pour assécher le marais de Dol. Depuis, la culture maraîchère à Cherrueix est une grande tradition. On trouve le long de la route de nombreux points de vente où les légumes portent encore sur eux le sable bienfaiteur.

Le Vivier-sur-Mer

Capitale bretonne de la mytiliculture

Depuis le début de notre ère, pêcheurs et paysans vivent en baie. Parfois même, ils ne font qu'un. La population adopte le rythme des marées : pêchant à pied, à marée basse et cultivant ses champs pendant la pleine mer.

C'est en 1954 que la ville implante en baie l'élevage des moules de bouchot. L'activité s'est très vite développée grâce à des conditions en milieu tout à fait favorables et à la technique d'élevage sur bouchots, ces lignes de 110 pieux plantés dans le sable sur une longueur de 100 mètres. Aujourd'hui, le port intercommunal Le Vivier-Cherrueix est le premier port mytilicole de France. La Maison de la baie du Vivier-sur-Mer a pour objectif de promouvoir la connaissance éducative et culturelle de la baie du Mont-Saint-Michel, mais aussi d'en étudier les écosystèmes, ses composantes animales et végétales. À bord de la « Mytili-Mobile », un petit train bien adapté pour toute la famille, les guides emmènent petits et grands à la découverte de la baie et de ses secrets.

L'huître de Cancale

La perle de la baie

L'huître de Cancale est élevée en baie du Mont-Saint-Michel, ce qui lui vaut d'être bercée et alimentée par les plus grandes marées d'Europe. Bienvenue au pays de 350 hectares de bonheur iodé !

À Cancale, l'ostréiculture s'inscrit dans l'histoire du pays. Des hommes et des femmes ont fait perdurer un savoir-faire unique grâce à leur passion pour ce travail et ces mollusques à l'apparence rustique, mais qui n'en demeurent pas moins fragiles. Placées sur des tables métalliques surélevées, les huîtres sont découvertes et recouvertes deux fois par jour par la marée. Ce système naturel leur assure une oxygénation optimale et un apport important en plancton. Les parcs de Cancale s'étendent sur plus de 350 hectares. C'est une huître à chair ferme qui nécessite trois à quatre années d'élevage et qui se déguste aussi bien crue que cuite. Elle a une saveur particulière de noisette et un goût iodé bien affirmé. On raconte, sur les quais de Cancale, qu'elle était déjà très appréciée au temps de François Ier.

Cancale

Dernière porte de la baie

Cancale bénéficie d'une position avancée sur la côte et elle doit la plupart de ses ressources, de ses malheurs et de ses bonheurs à la mer. Petite visite au pays des huîtres, des sentiers douaniers et des rues « de derrière ».

Cancale est la capitale de l'huître plate en Bretagne. On ne pratique plus ici que l'élevage des jeunes huîtres qui viennent d'Auray, dans le Morbihan. La côte est quadrillée par les parcs à huîtres visibles du quai. Cet important centre ostréicole est une ville qui puise dans son passé et son histoire son dynamisme actuel. Elle doit autant au courage des terre-neuvas, qui partaient la moitié de l'année en campagne de pêche à bord de leur bisquine, qu'aux « Cancalaises » et à leur ténacité à vendre les produits de la pêche et à gérer la vie sur terre. L'arrivée du tram en 1897 va changer la physionomie et le rythme de la ville en permettant au tourisme de se développer. Aujourd'hui, le port de la Houle, les quais et les plages conjuguent tous les plaisirs de la côte : promenades sur les sentiers des douaniers, baignades, visites de malouinières et dégustations gastronomiques de coquillages dans des restaurants réputés. Mais apprécier les huîtres sur les quais reste l'un des plaisirs incontournables de Cancale. Des dizaines de producteurs proposent des plateaux d'huîtres à déguster sur place. Face aux centaines de chalutiers mouillés dans l'anse du port et de parcs à huîtres à perte de vue, c'est un grand moment de bonheur pour tous les amateurs d'iode et de beaux paysages. Du port, on peut admirer le fameux rocher de Cancale et les sentiers permettent de longer cette côte déchirée jusqu'à la pointe du Grouin. Dans la ville, les rues « de derrière » s'étirent dans un dédale de petites et modestes maisons en schiste adossées à la falaise. En haut de la tour de l'église Saint-Méen, le panorama s'étend sur toute la baie du Mont-Saint-Michel.

La Laïta, frontière naturelle

Clohars-Carnoët et le port de Doëlan

La ville de Clohars-Carnoët a pour frontière naturelle, à l'est, la rivière la Laïta. Elle marque l'entrée dans le Finistère. Entre la forêt de Carnoët, l'estuaire de la Laïta, les paysages ont là aussi inspiré de nombreux peintres.

La commune de Clohars-Carnoët avait déjà su séduire les peintres de la fin du XIXe siècle. Ses paysages champêtres, l'aber de la Laïta, qui déploie ses larges méandres dans les terres, forment des tableaux inspirés pour la promenade ou la rêverie. En bord de mer, le petit port de Doëlan s'abrite dans ses rochers et sa végétation. Les maisons en granit ou en ciment coloré qui longent le port forment un bel écrin aux bateaux de plaisance qui mouillent ici. Le port s'étire dans l'un des estuaires secondaires qui longent la côte. Ce port pittoresque a su garder son âme bretonne et la pêche y est encore très active. Quand les chalutiers et les fileyeurs débarquent crabes, homards et poissons, Doëlan se prend à revivre les grandes heures de la pêche à la sardine.

Le Pouldu

Le chemin des peintres

Le Pouldu est la première plage du Finistère. De longues étendues de sable fin font aujourd'hui le bonheur de la station balnéaire et, à marée basse, les rochers deviennent un superbe lieu d'amusement pour les enfants.

À l'embouchure de la Laïta, le Pouldu fait face à la grande station balnéaire de Guidel qui, elle, est dans le Morbihan. Au Pouldu, trois grandes plages accueillent les touristes, amateurs de détente et de sports nautiques. Mais l'ancien village de pêcheurs qu'ont connu les peintres a bien changé. Les maisons anciennes, chargées d'histoire, voisinent maintenant avec de nombreuses constructions de vacances avec vue sur mer. Pourtant, le paysage et la lumière restent les mêmes. Un Chemin des peintres permet de marcher sur les pas de Paul Gauguin et ses amis et de découvrir quelques œuvres dans le cadre de leur réalisation. Dans le village, la reconstitution de la Maison Marie-Henry, l'auberge qui accueillit ces artistes bohèmes qui payaient leur écot en décorant murs et plafonds, permet de s'imprégner de cette frénésie créatrice.

À la découverte du Bélon

Moëlan-sur-Mer, à l'orée de la nature

Assis en haut d'une rive du Bélon, Moëlan-sur-Mer est la commune qui réunit plusieurs petits ports de pêche nichés au creux de la rivière. Face à l'océan Atlantique, la douceur perdure.

Au fond des rias sauvages, les ports offrent un spectacle d'un charme infini. Entre Riec-sur-Bélon et Moëlan-sur-Mer, les mouillages s'échelonnent tout au long de la rivière. La nature y est préservée, loin des côtes bâties et souillées. La rivière du Bélon est un trésor à ciel ouvert. La nature est en permanence encaissée, soit sur les bords de la rivière méandreuse, soit dans les rias abritant les bateaux. Pour vivre heureux, les hommes ici ont décidé de vivre cachés. Les plages intimes voisinent avec les chapelles et les mégalithes. Le long des sentiers qui longent la côte, on peut découvrir les ports à l'ambiance intimiste de Kerfany-les-Pins, Merrien ou Brigneau. La rivière est aussi célèbre pour ses huîtres plates au goût de noisette. C'est aujourd'hui un célèbre centre ostréicole. Le Bélon se jette dans l'océan Atlantique à une centaine de mètres d'une autre ria, l'Aven.

Port-Manec'h

À la croisée des eaux

Là où l'Aven et le Bélon se rencontrent, la nature s'est magnifiée pour offrir un port et une station balnéaire où l'environnement et l'espace sont respectés. On y trouve une nature intacte et préservée.

Port-Manec'h bénéficie d'une situation géographique idéale qui l'ancre dans une anse protectrice où l'Aven et le Bélon viennent se jeter. Tout au long des rivières, des sentiers balisés mènent dans la plénitude d'une nature intacte aux rias plongeant dans l'anse de Port-Manec'h. Les rives sont des falaises boisées où quelques villas paradisiaques ont le privilège de se situer et les bateaux mouillent au bas de celles-ci en attendant la marée. Ce spectacle d'une douceur infinie vient s'épancher dans le fond de ces échancrures naturelles. Port-Manec'h s'accroche aux derniers arbres et aux derniers rochers de l'Aven. Dix kilomètres de côtes sauvages se livrent alors à l'océan avec trois belles plages pour les estivants. Pour vivre la grande aventure, les enfants pourront même se risquer sur l'île de la plage de Raguénez qui se trouve en face. Elle est accessible à marée basse.

La Côte des légendes

La pleine nature

La côte nord-ouest du Finistère, entre l'île d'Ouessant et l'île de Batz, est réellement un endroit à part... c'est la « Côte des légendes », un patronyme hérité des êtres fantastiques qui, selon les anciens, peuplaient les lieux. Mais ce qui marque aujourd'hui, c'est la nature qui s'exprime dans ce qu'elle a de plus beau, de plus surprenant. Entre terre et mer, rencontre avec un coin de paradis.

Les abers sont sans conteste ce qui fait la plus grande spécificité de la Côte des légendes. Ces estuaires, aber en breton, généralement appelés ria partout dans le monde, sont ni plus ni moins des mini vallées creusées dans la terre par la mer. Inutile de préciser que la force de la mer, des courants et des vagues ne fait aucun doute sur la Côte des légendes même si l'océan paraît des plus paisibles, baignant des langues de terre douces et dociles. Ces abers donnent à la côte une typologie et un aspect très surprenants, puisque l'on dirait que la terre a réellement été mangée par l'eau. Plus impressionnant encore, le spectacle à la marée montante est vraiment à la hauteur des attentes et donne une impression très réaliste de ce que peut être une marée haute. La Côte des légendes possède trois abers notables : l'aber Wrac'h, l'aber Ildut et l'aber Benoit, s'étendant pour deux d'entre eux sur plusieurs dizaines de kilomètres. Plus au sud, l'aber Ildut est le plus étroit et le plus court des trois puisqu'il fait seulement 5 km de long. On dit couramment que sa position marque la frontière entre l'océan Atlantique et la Manche. Au-dessus, au nord, l'aber Benoit lui s'étend sur plus de 30 km et traverse 6 communes. Enfin l'aber Wrac'h, le plus au nord des trois, fait lui aussi plus de 30 km et ne traverse pas moins de 11 communes. Entre l'aber Benoit et l'aber Wrac'h, la petite langue de terre accueille notamment Lannilis, une commune aux multiples facettes et baignée de tous côtés par ces eaux montantes. Les balades à pied sont à préférer à tout autre moyen de locomotion ou toute autre activité car ici, pas besoin d'artifices, les lieux raviront sans aucun doute les amoureux de la nature.

Kerlouan, un bout de paradis

Kerlouan ? S'il y a une commune à voir sur la Côte des légendes, c'est celle-ci. Tout est réuni ici pour donner à ce lieu un supplément d'âme. Installée sur une presqu'île de près de 7 km de long, Kerlouan bénéficie de 14 km de littoral. Un littoral où la nature a joué d'originalité puisque les récifs et les écueils les plus dangereux pour la navigation côtoient aussi des plages de sable fin, terriblement langoureuses et des dunes comme déposées là par des anges surpuissants. Du contraste encore et toujours entre le bleu profond de la mer et la végétation parfois luxuriante sur la côte. Mais si Kerlouan sait rendre à la nature ce qu'elle lui a donné de si précieux, la commune a aussi un joli patrimoine à offrir aux visiteurs. Entre ses chaumières typiques (village de Ménéhan tout à côté), ses manoirs, ses représentations religieuses (croix et église notamment) ou ses fontaines, ce petit village de pêcheurs de quelque 2 500 âmes a fort à montrer. Mais ce que ses habitants se plairont sans doute à vous raconter, ce sont les légendes qui ont forgé la réputation du lieu... des légendes qui autrefois se racontaient au coin du feu et qui se transmettaient de génération en génération.

Randonnée sur la route touristique

Le moyen le plus approprié pour découvrir pleinement la Côte des légendes reste indiscutablement la marche. Cela tombe bien, le coin est littéralement couvert de sentiers de randonnées et d'itinéraires variés pour se faire plaisir quel que soit son niveau de marche. Pas besoin d'ailleurs de chausser les bottes de sept lieues ou de se préparer comme pour un marathon, la Côte des légendes peut tout aussi bien s'apprécier sur un circuit plus limité. Le principal étant quand même de prendre le temps de s'imprégner des lieux, de humer les parfums, de profiter des panoramas. En suivant les sentiers qui longent la corniche, vous pourrez à la fois profiter des spectacles offerts par la mer et le littoral et aussi goûter à la nature préservée côté terre. Car la Côte des légendes, ce n'est pas que la mer. La faune et la flore terrestres notamment constituent des éléments de qualité dans le parcours. Laissez-vous tout simplement habiter par les lieux, par cette nature brute et sans ambages... la Côte des légendes se veut ainsi, sans paillettes ni ostentation.

Ploudalmézeau, lieu de vestige

Qui dit légendes, dit histoire ! Ainsi plusieurs représentations des siècles passés sont visibles sur cette petite commune située au nord de la Côte des légendes. Un dolmen notamment tient encore debout dans les dunes entourant la cité. Plus contemporains, les édifices érigés au cœur de Ploudalmézeau ou dans les hameaux alentours sont très représentatifs d'une architecture typiquement bretonne telle qu'elle pouvait s'exprimer dès le XVe siècle. Parfois austères vues de l'extérieur, les églises et chapelles sont aussi richement décorées et très colorées à l'intérieur. Vous en trouverez de jolis spécimens ici à quelques kilomètres à la ronde, notamment l'église de Portsall, la chapelle Saint-Roch ou encore la chapelle de Kerlanou. N'hésitez pas à pousser les portes, ces monuments religieux sont toujours ouverts au public et se visitent sans problème du moment que l'on respecte les lieux et le silence des paroissiens. Les manoirs et les maisons de maître sont quant à eux des édifices privés et donc fermés au public mais vous pouvez toujours admirer leurs architectures extérieures. C'est bien souvent dans ces lieux que s'exprimaient jadis les spécificités bretonnes.

Belle-Ile-en-Mer

Balade rêvée à vélo

Belle-Ile est tout simplement sublime, enchanteresse et contrastée. Pour s'en convaincre et l'arpenter par les terres, rien ne vaut la petite reine et les balades sur ses chemins de traverse.

Selon la légende, des fées de Brocéliande jetèrent un jour leur couronne de fleurs dans le golfe du Morbihan. La plus belle forma Belle-Ile. Un qualificatif que la plus grande des îles bretonnes mérite amplement. Entre plages tranquilles et falaises spectaculaires surplombant une multitude d'écueils, ports bigarrés et campagne verdoyante, elle offre un kaléidoscope de paysages. Dès votre arrivée en bateau au charmant port du Palais, dominé par la citadelle Vauban, n'hésitez pas à enfourcher un vélo pour la découvrir sous toutes ses facettes en empruntant des petites routes secondaires ou des chemins de traverse. Le relief étonnamment vallonné peut vous conduire à mettre parfois pied à terre.

Entre bois et vallons

L'occasion de savourer un visage moins insulaire de l'île : celui de ses fermes isolées, ses hameaux rustiques, ses villages soignés aux maisons en pierre sèche ou blanchie à la chaux, ses bois de pins et ses landes couvertes d'ajoncs. Autour du Palais, la campagne est magnifique, alternant bosquets et vallons. En mettant le cap vers le nord-ouest, rejoignez l'adorable port de Sauzon avec ses maisons pastel. Pour les incontournables sites que sont les aiguilles de Port-Coton dressées au milieu des flots et peintes par Monet, la grotte de l'Apothicairerie, le phare de Goulphar offrant un panorama époustouflant ou la pointe des Poulains, cap sauvage rendu célèbre par la succulente actrice de théâtre Sarah Bernhardt, il vous faudra néanmoins poursuivre à pied, les côtes sont trop raides. C'est à vélo en revanche que l'on peut atteindre Locmaria, à l'opposé de la pointe des Poulains, un charmant petit village qui conjugue joliment campagne et côte sauvage.

La côte de Granit rose

Des mégalithes entre terre et mer

Entre Perros-Guirec et Trébeurden s'étend une côte paisible où la mer et le roc semblent réconciliés. Depuis toujours, l'homme s'y est plu. Preuve en est des mégalithes qui jalonnent son littoral.

L'écume et le Gulf Stream ont poli la pierre en lui donnant, par endroits, des formes insolites. Ici, pas de pointes déchiquetées, ni de falaises escarpées mais une nature calme, propice à la présence de l'homme. Laquelle est attestée par de nombreux vestiges du Néolithique sur cet espace apaisé entre terre et mer.

L'allée couverte de Crec'h Quillié, sur la commune de Saint-Quay-Perros, présente une ceinture de blocs de granit de 28 mètres de long qui maintient un tertre remarquablement bien conservé. Cette ancienne sépulture collective date d'environ 2 200 ans avant Jésus-Christ. Sur le pilier situé face à l'entrée, on peut apercevoir une gravure de la déesse mère représentée sous la forme d'une poitrine et d'un collier. Symbole que l'on retrouve sur les dalles de plusieurs autres mégalithes de la région.

Le célèbre menhir christianisé de Saint-Uzec

La commune de Trégastel s'enorgueillit, elle, de trois allées couvertes : celle de l'île Renote, qui a la particularité d'être construite en granit rose, celle de Hent Kornandoned, classée monument historique, et celle de l'île Milliau. Entre Trégastel et Trébeurden, le village de Penvern recèle un petit trésor dominant la baie : le menhir de Saint-Uzec, coiffé d'une croix. Elle est, sans conteste, la pierre dressée christianisée la plus célèbre de Bretagne. D'autres mégalithes ornent la côte : les allées couvertes de Ty-Lia au sommet de l'Ile-Grande, orientée en direction du lever du soleil, celles tout à fait remarquables de Prat ar Menhir où se trouve toute une série de gravures pariétales ou encore le menhir affaissé de Saint-Samson. À découvrir lorsque le soleil s'aligne sur l'horizon et diffuse une lumière dorée. Fascinant…

La côte du Finistère

Pleins feux sur les phares

Ils fascinent les promeneurs et guident les marins. Image emblématique du Finistère, les phares jalonnent ses côtes escarpées, impavides malgré les assauts des flots et du vent.

Ils sont des dizaines sur terre ou sur mer pour prévenir les navires des écueils qui parsèment la côte finistérienne. Une côte déchiquetée sur près de 1 000 kilomètres, tour à tour découpée par les rias ou les abers, bordée par des falaises abruptes ou échancrée par des criques profondes. En empruntant les sentiers côtiers, entre Le Guilvinec et la fameuse « côte des Légendes » au nord-ouest, on croise bon nombre de ces sentinelles de pierre aux noms mythiques. Ar Men, entre la pointe du Raz et l'île de Sein, baptisé par ses gardiens « l'Enfer des enfers », et la tour carrée du phare de la Vieille se dressent dans la mer d'Iroise. À quelques encablures campe Tévennec, construit en pleine mer sur le modèle d'une maison-phare.

Des phares ouverts aux visiteurs

Surnommé « la proue de l'Ancien Monde », le phare de la pointe Saint-Mathieu offre une vue saisissante, englobant la pointe du Raz, Ouessant et Molène. Le Créac'h, reconnaissable

à sa « marinière » noir et blanc, pilote les phares renommés de Stiff, de Nividic, de la Jument, de Kéréon et des Pierres noires. Dans le Finistère nord, le phare de l'île Noire, aux allures de forteresse, se tient sur un rocher dénudé dans la baie de Morlaix. Celui de l'île Vierge, le plus haut d'Europe avec ses 82 mètres, surveille l'embouchure de l'Aber-Wrac'h et le phare-donjon du Four est capable de résister à des vagues d'une trentaine de mètres.
Parmi la cinquantaine de phares recensés dans cette partie de la Bretagne, seuls quelques-uns peuvent être visités, dont celui de Trézien, où, après avoir gravi les 182 marches de ce colosse de granit, on découvre un panorama grandiose sur la pointe de Corsen, limite de la Manche et de l'Atlantique.

La côte d'Émeraude

De longues plages offertes au large

Entre le cap Fréhel et Cancale, sur la côte nord de la Bretagne, la côte d'Émeraude offre des plages superbes sans cesse renouvelées par de grandes marées spectaculaires.

Elle doit son nom à la couleur émeraude de ses eaux. De la baie de Lancieux à Sables-d'Or-les-Pins, autour du cap Fréhel et de Fort-la-Latte, en passant par la pointe du Décollé, le littoral décline une palette de teintes chatoyantes : falaises escarpées de grès rose, longues plages dorées offertes au large, caps battus par la mer couleur bleu-vert, grèves blanches… Des paysages hauts en couleur, souvent sauvages, qui ont inspiré de nombreux peintres.

Plages et rochers de ce littoral breton se couvrent et se découvrent au gré des marées, particulièrement spectaculaires dans la baie de Saint-Malo et de Dinard où elles sont les plus fortes d'Europe. En se retirant, l'eau met à nu une immense étendue de sable jonchée de coquillages et de crustacés. L'occasion de prendre un bol d'air iodé pour une partie de pêche à pied sur les grèves de Lancieux et de Saint-Jacut-de-la-Mer.

De prestigieuses stations balnéaires

À la pointe du Grouin, on profite d'un superbe panorama, comme au cap Fréhel, le site le plus grandiose de la côte à 70 mètres au-dessus de la mer.

Les amateurs de baignade n'ont que l'embarras du choix. Une succession de plages de sable fin aménagées dans les stations balnéaires prestigieuses jalonnent le littoral : Saint-Lunaire, dont celle de Longchamps, la plus grande et la plus ventée, Sables-d'Or-les-Pins, qui se prolonge en bordant la lagune d'un cordon dunaire, Dinard avec ses grandes étendues de sable et ses petites criques, Saint-Briac, bordée par le sentier des Douaniers, Val-André et Cancale pour les familles, ou encore Saint-Malo, dont la plage s'étend au pied des remparts de l'intra-muros. De magnifiques petites stations balnéaires, à découvrir en haute ou basse saison.

La baie d'Audierne

Belle et rebelle

Tel un arc de cercle défiant la houle et les vents, elle s'étire entre deux pointes : celle du Raz, au nord, et celle de Penmarc'h au sud, en plein Pays Bigouden. Cap sur une Cornouaille authentique.

Les vagues sont fortes et comblent surfeurs et fous de glisse à la presqu'île de La Torche sans cesse battue par les vents, ou à la pointe du Raz, ce bout du monde mythique ouvert sur l'océan Atlantique et la fascinante île de Sein. Théâtre de tempêtes et de naufrages, la baie d'Audierne, cette portion du littoral finistérien longue d'une trentaine de kilomètres, n'est pas des plus hospitalières. Pourtant, l'homme a toujours su y maintenir sa présence. En témoignent de nombreux vestiges, mégalithes, chapelles, calvaires, fontaines, vieilles fermes, fours à goémon et chemins de halage qui émaillent ses rivages.
De la côte rocheuse de Penmarc'h où se dresse le magistral phare d'Eckmühl, au cap Sizun, avec sa succession de landes, de criques et de pointes, on peut se promener d'un bout à l'autre de la baie.

Balade iodée de bout en bout de la baie

Ourlée de galets jusqu'à Plozévet, la baie alterne ensuite entre plages et falaises, lesquelles gagnent en hauteur après Plouhinec, au fur et à mesure que l'on s'approche de la pointe escarpée du Raz.

À tout moment, on peut emprunter des sentiers pour découvrir l'arrière-pays où dunes, étangs et marais nappés de roseaux accueillent une flore et une faune aviaire d'une remarquable diversité. Quelque 300 espèces d'oiseaux nichent ou trouvent une étape migratoire dans ce site préservé où la mer s'infiltre à travers les cordons de galets et de dunes lors des grandes marées. Des circuits conduisent également à de charmants petits ports, tel Pors-Poulhan et sa flottille bigarrée de barques, ou Penhors, qui attire les foules lors de la cérémonie du Grand Pardon. Au printemps, on rejoint la mer à travers les champs de tulipes de la pointe de La Torche d'où l'on accède à un panorama saisissant.

L'île de Bréhat

Entre ciel et mer

Site incontournable de la côte bretonne, l'île de Bréhat livre les plus belles images marines. Surnommée « l'île aux Fleurs », c'est aussi un formidable jardin ouvert sur le ciel et la lumière.

La côte dentelée du Goëlo offre entre ses échancrures écumantes et ses paisibles ports de pêche des paysages à couper le souffle. Depuis l'une de ces pointes, la pointe de l'Arcouest au nord de Paimpol, des vedettes vous conduiront vers Bréhat, joyau ultime où les véhicules (autres que celui des pompiers et que les tracteurs de l'île) sont interdits. Cette nature préservée tente de survivre avec le flux humain de l'été : il faut bien organiser son séjour à Bréhat si on ne veut pas dormir à la belle étoile faute d'emplacement ! Longue de trois kilomètres et demi et large d'un kilomètre et demi, Bréhat est constituée de deux îles : l'île du Nord est reliée par une chaussée à l'île du Sud où se concentrent les habitations, le bourg et le port.

L'île du Nord

À partir du pont construit par Vauban pour relier les deux parties de Bréhat, la nature se fait plus sauvage. La lande y est reine, le vent est son valet. Sur cette terre sauvage, la promenade prend des airs d'aventure. Le long de la grève, le sémaphore de la Marine nationale, construit en 1832 sur un tertre de trente-deux mètres de haut, surplombe le paysage. Plus loin se trouve le phare du Rosédo, bâti au XIXe siècle. La côte particulièrement fracturée offre ici des visions romantiques et passionnées. L'écrivain Ernest Renan aimait venir se poser et méditer sur l'un de ces rochers, appelé depuis « la Chaise de Renan ». L'île fut occupée par les Allemands durant la Seconde Guerre mondiale. Au moment du repli, en août 1944, ils firent sauter les deux phares de l'île Nord. Le phare du Rosédo et le phare du Paon situé à l'extrême nord furent ensuite reconstruits. Ce dernier est ouvert au public. Un escalier mène à sa plateforme, d'où la vue est saisissante. Si l'horizon ondoie entre les bleus de la mer et du ciel, en contrebas, un gouffre entre deux murailles à pic est du plus bel effet. Avant de repartir sur l'île Sud, il ne faut pas manquer le moulin de Crec'h ar Pot, et la chapelle de Keranroux, du XIXe siècle.

Au sud, la douceur faite île

Nul ne peut rester insensible face à l'harmonie qui se dégage de l'île : les couleurs du ciel et de l'eau, les roches, les landes se mêlent à une végétation luxuriante faite d'essences méridionales. Figuiers, palmiers, mimosas et eucalyptus s'épanouissent dans la douceur quasi méditerranéenne de l'île et dans la brume de la mer. Un sentiment de paix et d'apaisement s'empare des visiteurs, au détour d'un rocher délaissé à marée basse, d'un petit chemin odorant se perdant dans la lande et les ajoncs fleuris. Ile de beauté, terre de corsaires et d'artistes, Bréhat est un moment de douceur retrouvée.

Au cœur de l'île

Dès l'arrivée à Port-Clos, petit port aménagé en 1770, la lumière réfléchie par les maisons et la végétation capte le regard : ici tout n'est que pureté et délice. Vos premiers pas vous conduiront, à droite, vers la plage de renom du Guerzido : la mer y est d'un bleu translucide, le bonheur total. Partout au large, des îles (l'île Logodec, l'île Lavrec) à âpreté sauvage émergent sur l'océan.
Au bourg se concentrent les commerces autour de la place de l'église-Notre-Dame. Au sud-ouest du bourg, vous pourrez rejoindre la citadelle, fortin construit en 1863 qui abrite aujourd'hui les Verreries de Bréhat. En face, l'île Béniguet, le plus gros îlot de l'archipel, est une propriété privée dans laquelle séjourna l'écrivain Colette dans les années 1930. De là, les chemins de randonnée s'éparpillent dans une nature généreuse et hospitalière. Sur la rive sud de l'étang du Birlot, fermée par une digue, on pourra admirer le moulin de Crec'h Tarek, un moulin à marée du XVIIe siècle. Sa roue à aubes s'est définitivement immobilisée en 1916, mais une association la fait revivre de temps en temps. Non loin de là, la chapelle Saint-Michel domine du haut de son mont de 26 mètres un sublime panorama sur l'île et la mer tout autour.

Les îles septentrionales

Une certaine idée du paradis...

Entre la côte du Goëlo et la côte de Granit rose, la Bretagne s'est hissée au-dessus de la mer à force de combats et de bravades. Cette partie nord du littoral, faite de criques, d'anses et de pointes, est un paysage de mer sur lequel les bateaux et les esprits aiment à naviguer. Au loin, des îles accueillent les hommes et les oiseaux, haltes ultimes avant de plus grands voyages.

À une quinzaine de miles au large de Perros-Guirrec, la célèbre station balnéaire de la côte de Granit rose, l'archipel des Sept-Iles est un sanctuaire pour les oiseaux migrateurs et les quelques phoques qui viennent s'y reposer. Le temps d'une excursion en bateau, vous y découvrirez un monde vivant fascinant.

La première réserve ornithologique de France

Au début du XXe siècle, les promoteurs de la côte eurent une drôle d'idée pour attirer le voyageur. Les Chemins de fer de l'Ouest vantèrent aux vacanciers de Perros-Guirec et de la région la chasse au « perroquet de mer » ! Les chasseurs étaient transportés sur des barques jusqu'aux îles et se livraient, en période de nidification, à un véritable carnage parmi les macareux moines alors en grand nombre sur les rochers. Alertée par l'un de ses adhérents dès 1911, la Ligue pour la protection des oiseaux, la LPO, créa la réserve des Sept-Iles en 1912. Dès lors, la colonie put petit à petit se recréer, même si les effectifs ne furent plus jamais les mêmes. Aux macareux moines s'ajoutèrent, dès 1939, les premiers fous de Bassan sur l'île Rouzic, mais aussi d'autres espèces comme le guillemot de Troïl, la mouette tridactyle et le cormoran huppé. Ce site naturel protégé est classé « réserve naturelle » depuis 1976 par le ministère de l'Environnement. L'archipel des Sept-Iles abrite aujourd'hui vingt-sept espèces d'oiseaux nicheurs, parmi lesquelles on peut observer douze espèces d'oiseaux marins, soit plus de vingt mille couples. La plus ancienne réserve naturelle de France est aussi, de nos jours, la plus importante.

Un paradis avec vue sur terre

À sept kilomètres au large des célèbres rochers roses de Ploumanac'h, l'archipel des Sept-Iles forme un amas rocheux inhabité de quarante hectares. Rouzic, Malban, l'île Plate, Bono, l'île aux Moines et le Cerf composent cet ensemble féerique et sauvage. Si les hommes ont disparu de ces îles pour laisser la place aux oiseaux et à la nature, ils ont laissé des traces de leur occupation : un dolmen circulaire sur l'île Bono, les ruines d'un fort de style Vauban construit en 1720 sur l'île aux Moines. Seule cette dernière, la plus grande des îles et la seule accessible, conserve un phare encore habité par deux gardiens qui se relaient tous les quinze jours. Depuis 1912, ce paradis a donc été rendu aux oiseaux, pour le plus grand plaisir de tous. Des excursions en vedette permettent d'approcher et d'admirer les multiples espèces d'oiseaux qui peuplent l'archipel, et de découvrir bien d'autres surprises encore.

Des rencontres inoubliables

Depuis la gare maritime située au bout de la plage de Trestraou à Perros-Guirec, mais aussi de Ploumanac'h et de Trégastel en saison, des vedettes de tourisme vous amènent au paradis des oiseaux. Il est conseillé de réserver la veille pour le lendemain ou le matin pour l'après-midi tant les heures de marée, la météo et l'engouement des voyageurs décident du départ. En route alors pour au moins deux heures trente de bonheur intense si vous vous décidez pour le plus grand parcours : les oiseaux marins, l'archipel des Sept-Iles dans son ensemble et la côte de Granit rose. À bord de ces navires, la visite est animée par le commentaire d'un équipage passionné, encore émerveillé de ce spectacle pour lui quotidien. On vous apprendra à distinguer les différentes espèces d'oiseaux de mer qui peuplent la réserve. Le goéland argenté n'est jamais loin du bateau. Fin observateur et surtout très gourmand, il surveille les mouvements de chacun. Plus timides, le guillemot de Troïl, le pingouin torda et le macareux moine restent sur leurs gardes, même si la vedette reste à distance afin de ne pas les effrayer. Un ballet d'ailes incessant et des concerts de cris animent les rochers. Soudain, une tête émerge de l'eau, des moustaches se distinguent des amas rocheux : des phoques gris viennent satisfaire leur curiosité en interrompant leur sieste à flanc de rocher ou leur pêche sous-marine. La réserve héberge, en effet, un groupe d'une vingtaine de phoques gris que l'on peut rencontrer si eux l'ont décidé !

Le fou de Bassan, roi

L'île Rouzic est devenue la terre d'asile des fous de Bassan. Ce grand oiseau marin est aujourd'hui l'espèce la plus remarquable de la réserve et Rouzic est son unique site de reproduction en France. En 2004, dix-sept mille couples se sont reproduits sur ce rocher abrupt. Quand on arrive en bateau près de Rouzic, on ne voit tout d'abord qu'un gros rocher blanc au milieu de la mer. Peu à peu on distingue des mouvements, des va-et-vient et des cris spécifiques qui annoncent la colonie. Le spectacle est haut en couleur. Le fou de Bassan, cet oiseau puissant et élancé, au plumage blanc à l'exception de la pointe noire des ailes et de la tête jaune, déploie au-dessus de vos têtes une envergure de près de deux mètres. Ses plongeons en piqué de trente mètres de hauteur et sa façon de nicher en colonies immenses lui confèrent une place à part dans la visite du site. Entre cacophonie, odeurs de guano et querelles de voisinages, le vol gracile du fou de Bassan restera gravé dans les souvenirs.

La presqu'île de Rhuys

Le golfe avec vue sur l'Atlantique

Dans le golfe du Morbihan, au sud de la Bretagne, la presqu'île de Rhuys se partage entre l'océan Atlantique et le golfe. Des vastes étendues balayées par le vent aux champs cultivés, des marais salants aux plages escarpées, cette succession de paysages constitue un pays unique. La presqu'île de Rhuys forme entre terre et mer un ensemble harmonieux favorisé par la douceur du climat.

La presqu'île de Rhuys s'étend sur 20 kilomètres de long pour 15 kilomètres de large. La route du golfe parcourt ce site au caractère unique en traversant des villages typiques, des fermes, des ports de pêche, même si leur nombre tend à se restreindre. La presqu'île ferme le sud du golfe du Morbihan, véritable petite mer intérieure aux paysages enchanteurs. Les sentiers côtiers et autres chemins permettent de suivre au plus près les falaises, les côtes déchirées et les étendues de sable. Riche en souvenirs mégalithiques, la presqu'île regorge aussi d'édifices remarquables comme le château de Kerlevenan de la fin du XVIIIe siècle. Avec ses folies et le faste de son jardin, il est annonciateur du changement de cap de la presqu'île quant à ses nouvelles vocations dont en premier lieu le tourisme.

Sarzeau, des deux côtés de la presqu'île

Petite capitale de la presqu'île, la commune de Sarzeau représente la moitié de la surface du pays : elle s'étend sur les deux rives, côté golfe et côté Atlantique. La route longe le plus souvent au plus près la côte et ses beautés en commençant à l'entrée de la presqu'île par la réserve du Duer. Ces anciennes salines sont une réserve ornithologique, un espace naturel protégé où les oiseaux migrateurs aiment à se retrouver. Faisant face à l'île aux Moines dans le golfe, la douceur du port du Logeo se découvre au détour d'une anse. Vers la pointe de Kerners, le moulin à marée de Pen Castel du XVIIe siècle rappelle l'activité de la minoterie dans la presqu'île, il a fonctionné jusqu'en 1921. Côté Atlantique, la pointe de Penvins est un paradis pour les baigneurs et les planchistes, la chapelle Notre-Dame-de-la-Côte, si photogénique, domine cette longue étendue de 5 kilomètres de sable blanc, au loin émergent déjà les tours du château de Suscinio.

Le château de Suscinio, la demeure préférée des ducs de Bretagne

Édifié dans un site exceptionnel, entre marais et terre et à proximité de la mer, le château de Suscinio fut au Moyen Âge une des résidences préférées des ducs de Bretagne. Cette énorme résidence qui fut aussi une forteresse est le monument incontournable de Sarzeau. Il a été érigé principalement au XIIIe siècle sous le règne de Jean Ier. Au XIVe siècle il fut fortifié. Pillé, laissé en ruines, il fut sauvé par Prosper Mérimée qui l'inscrivit sur la première liste des Monuments historiques.

Racheté par le conseil général du Morbihan en 1965, il a connu de nombreuses campagnes de restauration, cette vaste enceinte quadrangulaire armée de tours à ses angles (il en reste six) a retrouvé tout son éclat d'antan. Une visite guidée dans le grand corps de logis du XIVe siècle, le logis du XVe siècle, les remparts et la grande cour intérieure permettent de plonger dans l'histoire médiévale de la Bretagne. Du haut des tours, on peut encore admirer un environnement de marais et de forêt préservés près de l'océan.

Arzon, la pointe occidentale de la presqu'île

Arzon occupe toute la pointe de la presqu'île face à celle de Locmariaquer, 800 mètres plus loin, fermant à elles deux le golfe du Morbihan. Le centre de cette commune s'est déplacé vers l'extrémité de la pointe, Port-Navalo et Port-Crouesty. Port-navalo est le point d'embarquement de nombreuses croisières autour du golfe. Autrefois, Port-Navalo était un port de pêche, mais aujourd'hui la criée est une salle d'exposition. Érigé sur le point le plus haut de la pointe, le phare a été inauguré en 1891. Il est désormais entouré de maisons, le chemin qui le contourne permet d'avoir un panorama remarquable sur le golfe et l'océan. Surfant sur la vague touristique et balnéaire, Port-Crouesty, l'ultra moderne, est né aux côtés du traditionnel Port-Navalo dans les années 70. Ce port de plaisance est une station contemporaine à l'architecture ostensible, souvent discutée. C'est le plus grand port de plaisance de Bretagne. À ses côtés, un centre de thalassothérapie complète cet univers dédié aux plaisirs. De nombreuses et très belles plages ainsi que des sentiers bordent le littoral et les landes offrant de superbes balades.

Saint-Gildas-de-Rhuys, un ancien pôle intellectuel et religieux

La commune doit son nom à un moine venu de Grande-Bretagne qui y fonda un monastère au VIe siècle. Sous son aura, la vie commença à prendre forme, les forêts impénétrables de ce haut Moyen Âge furent entamées, les salines creusées, les premiers moulins à marée commencèrent à moudre le grain des moissons. L'abbaye porte son rayonnement intellectuel, religieux et économique bien au-delà des frontières de la presqu'île jusqu'en 1772. Au Xe siècle, les invasions Vikings ravagèrent les lieux, mais au XIe siècle, le moine Félix y reconstruisit un sanctuaire de style roman d'une grande pureté. L'intérieur de l'église mérite de s'y attarder, l'abbatiale possède encore un chœur et un transept de style roman, assez rare en Bretagne. Parmi les abbés qui le gouvernèrent, le plus célèbre est Abelard, l'éternel amoureux d'Héloïse, au XIIe siècle. L'église a été reconstruite en grande partie aux XVIe et XVIIe siècles par les bénédictins.

Le tumulus de Tumiac, une terre habitée

Bien que la presqu'île de Rhuys se révèle beaucoup moins riche en monuments mégalithiques que Locmariaquer qui lui fait face à l'entrée du golfe, ce bout de terre conserve néanmoins de beaux vestiges. En fait, les moines défricheurs et les cultivateurs productifs n'avaient pas hésité à se débarrasser des nombreuses pierres qui gênaient le labour. Parmi les menhirs et les dolmens restants, deux tumulus parmi les plus beaux ont été conservés. Le Petit Mont, situé à côté de Port-Navalo, s'élève à 41 mètres au-dessus du niveau de la mer. Près d'Arzon, le tumulus de Tumiac a une hauteur de 20 mètres pour une circonférence à la base de 260 mètres. On l'appelle aussi « la butte de César ». On suppose que c'est de ce point de vue imprenable à la fois sur le golfe et l'océan que l'empereur romain y a établi un observatoire pour surveiller ses galères en guerre contre les Vénètes en 56 avant J.-C.

Lorient, la ville aux cinq ports

Le port de Lorient est né par arrêté royal en 1666. C'est Colbert, ministre de Louis XIV, qui fut à l'origine de ce port créé de toutes pièces à cause du développement de la Compagnie des Indes d'abord basée à Port-Louis dès 1664. L'exiguïté de Port-Louis entraîne l'installation du chantier naval en face, à la jonction du Scorff et du Blavet. Lorient devient alors la base de départ et d'arrivée des navires de commerce avec l'Asie. La ville de Lorient verra pendant des années son évolution économique fortement liée à l'activité de son commerce international. Cette croissance prit fin en 1763 avec la perte des principales possessions françaises. Lorient fut presque entièrement rasée par les bombardements alliés qui voulaient détruire la base des sous-marins allemands, mais elle s'est relevée, et aujourd'hui, Lorient affiche une bonne santé. Avec son port de pêche de Kéroman, le premier port de pêche français en valeur marchande de poisson débarqué, le port de commerce de Kergroise, le premier port de la région de Bretagne, le port de plaisance aux nombreux pontons, le port militaire avec l'arsenal et la base aéronautique navale de Lann-Bihoué, Lorient mérite son surnom de ville aux cinq ports.

La Turballe, le port de la presqu'île

Née sur la presqu'île de Guérande, à l'ouest des marais salants, La Turballe est le premier port de pêche des pays de la Loire avec 80 chalutiers. Les gros mouillent dans le bassin de Garlahy tandis que les autres sont du côté du port de plaisance. La Turballe a bâti sa réputation sur la qualité de sa pêche de jour, le port possède entre autre un centre marée des plus avancés en matière d'équipements sanitaires. C'est au XIXe siècle que La Turballe a vu son essor avec le développement des conserveries. En effet, c'est ici que fut installée la première conserverie sur le lieu de pêche pour en compter jusqu'à sept au début du XXe siècle. Depuis, La Turballe ne cesse de progresser, c'est aujourd'hui le premier port de la façade atlantique pour l'anchois et la sardine qui ne se pêchent que du printemps à l'automne. Cette station balnéaire est aussi une escale agréable pour les plaisanciers car elle est dotée d'une des plus belles plages de la presqu'île guérandaise.

L'île de Groix

L'île aux mille couleurs

Mi-riante, mi-sauvage, l'île de Groix est une île qui a du caractère. À seulement quelques milles de Lorient, elle cultive son caractère original par une géographie et un patrimoine bien à elle. Aujourd'hui tournée vers le tourisme, elle a beaucoup d'histoires à raconter : il suffit alors de longer les plages colorées, de lever les yeux vers les rochers et de flâner le long des ports pour être transporté dans ce monde insulaire.

L'île de Groix est située à 4 kilomètres de Lorient, 45 minutes de traversée en bateau suffisent pour accéder à ce petit paradis à taille humaine. Depuis la pointe de Pen Men à l'ouest jusqu'à la pointe des Chats à l'est, l'île de Groix s'étire sur 8 kilomètres de long et 3 kilomètres de large, soit une superficie d'environ 1 500 hectares. Cette île faite de falaises présente de riches contrastes. Une côte élevée et massive est exposée aux vents dominants, elle est entaillée de ruisseaux encaissés dans des vallons luxuriants. L'autre côte, basse et abritée, est jalonnée de plages de sable orientées au sud. Des sentiers côtiers longent un paysage à la fois rural et maritime, avec une alternance de terroirs cultivés et colorés du jaune des fleurs d'ajoncs et de rouge de la bruyère vagabonde. Dotée d'un caractère bien trempé, Groix, l'authentique, parfois rugueuse, est probablement moins facile à appréhender que sa grande sœur Belle-Ile taillée sur mesure pour le tourisme et la contemplation.

Un trésor géologique

À Groix, les schistes bleus et les plages rouges racontent la nuit des temps géologiques, c'est un musée à ciel ouvert. En effet, l'île est un site remarquable pour la variété des minéraux qui la colorent et la font miroiter à la lumière : grenats, quartz, glaucophanes composent les schistes qui affleurent sur la côte en roches bleutées ou vertes. Plus incroyable encore, le glaucophane est une pierre bleue que l'on trouve uniquement à Groix et au Groenland. Sa présence reste encore inexpliquée, ce mystère attire la curiosité d'un grand nombre de scientifiques du monde entier. La réserve naturelle François Le Bail est aussi une réserve géologique et minéralogique d'une richesse capitale pour comprendre l'évolution de la chaîne hercynienne née il y a plus de 300 millions d'années, elle se situe à l'ouest sur la pointe de Pen Men et de Beg Melen et à l'est à la pointe des Chats Locqueltas.

Une île et des ports

L'insularité a toujours conditionné la vie des Groisillons, sa situation privilégiée face à Lorient en fit un site stratégique pendant l'essor de la Compagnie des Indes, dont il reste quelques fortifications. Entre 1870 et 1940, Groix fut aussi le premier port français d'armement du thon blanc, l'île compta jusqu'à cinq conserveries. Aujourd'hui, les ports de pêche se sont transformés en ports de plaisance, Port-Tudy accueille les ferries faisant la navette du continent à l'île. Dans leur ria protectrice, Port-Lay et Port-Melin offrent des paysages grandioses, les plaisanciers aiment se reposer dans ce calme et cette beauté naturelle. À l'est de l'île, Port-Saint-Nicolas se niche dans une très belle ria au milieu d'un vallon et de falaises, quelques barques de pêcheurs y mouillent dans une eau d'une belle limpidité. Non loin de là, la légende du trou de l'enfer raconte que les jeunes mariés devaient sauter par-dessus la profonde fissure pour pouvoir tout surmonter par la suite. Le port de Locmaria est dans le deuxième village de l'île. L'étroitesse des ruelles est pittoresque, les maisons de pêcheurs et d'armateurs sont remarquables avec leurs enduits colorés. Le grand phare de Pen Men veille sur l'île, il s'élève à l'extrémité ouest de Groix. Haut de 13 mètres, il a une portée de 38 milles.

« Qui voit Groix, voit sa joie »

L'île est réputée pour la qualité de vie qu'elle propose à travers ses villages pittoresques dans lesquels la vie palpite toute l'année. L'intérieur de l'île se visite idéalement en vélo, c'est l'occasion de croiser des fontaines et des lavoirs, des hameaux où l'habitat traditionnel est bien conservé. Dans une ambiance chaleureuse et décontractée, Groisillons, navigateurs, pêcheurs, campeurs et vacanciers partagent de chaleureuses soirées estivales, tandis que les restaurants, boutiques et cafés animent les rues et les places des ports et des hameaux. Au bourg, dont le vrai nom est Loctudy, le souvenir du port thonier ancestral se révèle au sommet de l'église où un thon germon fait office de coq à la pointe du clocher. L'écomusée de Groix retrace cette vie d'insularité faite de pêche et de traditions, mais aussi cette vie qui tient à la solidarité et à l'échange.

Des plages et des criques

Les plages de l'île de Groix sont une succession de belles surprises, Groix possède sur sa côte des exceptions naturelles, des dons de la nature qu'il faut préserver. À l'est de l'île, la plage des Grands sables est une plage convexe unique en Europe. Ici, le sable décrit un arc de cercle autour de la pointe de l'île. Cela fait longtemps qu'elle change perpétuellement de place au gré des courants et des éboulements de falaises, mais depuis quelques décennies le phénomène s'est amplifié, elle se déplace d'une dizaine de mètres chaque année en remontant vers Port-Tudy. Un peu plus loin, la plage des Sables rouges doit son nom à la couleur de son sable : une incroyable poussière de grenat qui scintille au gré des mouvements du vent et de la lumière donnant au sable clair des reflets rougeoyants. Au fil des sentiers côtiers, de modestes criques bien abritées offrent des coins de paradis aux baigneurs las des plages surpeuplées et motivés par quelques dizaines de mètres de marche un peu sportive pour y accéder. L'île ne se donne qu'à ceux qui sont prêts à consentir un petit effort pour la conquérir. Les habitués profitent de toutes les ressources de leur île, ainsi il n'est pas rare de voir les jeunes Groisillons se livrer à des concours de plongeons parmi les pêcheurs et les bateaux comme à Port-Lay, au pied d'anciennes conserveries.

L'âme de l'île

Authentique et imperturbable, le bourg n'a rien sacrifié au tourisme de masse, autochtones et visiteurs s'y côtoient sans a priori. Bien sûr, dès les beaux jours, la population augmente radicalement et, en été, la vie se rythme surtout au gré des arrivées des ferries de Lorient, dont l'abordage dans le port est toujours un spectacle qu'un belvédère permet d'apprécier depuis les hauteurs. Dès le premier bateau, les commerces s'animent alors et en soirée les restaurants et les bars prennent le relais. Quelques lieux sont devenus mythiques, connus des marins du monde entier, comme le bar Ty Beudeff, véritable monument historique de l'île d'où résonnent, le soir venu, toutes les clameurs de la fête et de la culture maritime bretonne jusque tard dans la nuit.

De Bénodet à Cap-Coz

Des plages pour toutes les envies

Dans cette pointe ouverte sur le grand large, la vocation balnéaire se décline sous toutes ses formes. De la station très fréquentée et dotée de tous les équipements qui en font une station familiale à succès aux plages nichées dans les rochers en passant par de plus discrètes villégiatures, chacun peut vivre les vacances selon son tempérament.

Célèbre pour être la ville d'adoption d'Éric Tabarly, Bénodet avec ses plages de sable fin, ses promenades sous les palmiers et son casino est surnommée la « Côte d'Azur bretonne ». Avec pour vis-à-vis la station de Sainte-Marine, Bénodet est la porte d'entrée de l'Odet et le port d'attache des vedettes qui proposent de remonter le cours, qu'on qualifie souvent de plus belle rivière de France. Contournant la route côtière qui mène à la Forêt-Fouesnant et son port impressionnant, le site de la pointe de Mousterlin offre une vue étendue sur tout le sud de la Cornouaille. Face à la baie de Concarneau, Beg-Meil est une discrète station offrant ses kilomètres de plages dissimulées parmi rochers et palmiers. Face au chenal de Port-la-Forêt, la longue plage de Cap-Coz et ses sentiers séduisent les amateurs d'eaux limpides et de tranquillité.

De Larmor-Plage à Guidel

Les plages des familles

Bien abritée par l'île de Groix et exposée au sud, la côte des plages du pays lorientais est le rendez-vous estival des touristes. Des falaises peu élevées, de belles plages de sable fin, des petits ports où s'affairent les caseyeurs, les stations balnéaires familiales possèdent ici tous les ingrédients pour des vacances réussies.

Les petits villages qui bordaient la côte depuis Lorient vers Le Pouldu sont devenus au fil des années de véritables stations balnéaires. Les longues plages de sable fin qui bordent Larmor-Plage, la pointe du Talut, Plomeur, Fort-Bloqué et Guidel attirent aujourd'hui de nombreux estivants. Outre la qualité et la longueur de ses plages, ses fortes capacités d'accueil tant dans les animations que dans les équipements confèrent à cette côte une place de choix dans le cœur des vacanciers. Les enfants y trouvent des clubs d'animation, les autres pourront s'en donner à cœur joie dans les nombreux sports nautiques proposés dans les stations. Aux frontières du Finistère et du Morbihan, Guidel décline ses belles plages tout près de l'estuaire de la Laïta, alors qu'en face se dessine déjà la pointe de la Cornouaille.

La plage de Damgan

Une petite Croisette bretonne

En Bretagne sud, à quelques kilomètres du golfe du Morbihan, de longues plages de sable blanc font le bonheur des familles et des amoureux d'horizons sans fin.

Entre La Baule et le golfe du Morbihan, Damgan réunit tous les atouts pour être l'un des lieux d'accueil privilégiés du tourisme familial. La façade littorale s'étend sur 6 kilomètres, elle en compte 15 en additionnant la plage d'Ambon juste au-dessus, une belle invitation à la baignade et au bronzage. Cette station touristique de renom a conservé son authenticité tout en s'adaptant aux nouveaux plaisirs balnéaires. Outre les nombreux commerces, les écoles de voile et autres installations pour pratiquer les sports nautiques animent le front de mer. Pour les amoureux de la promenade, des palmiers accordent ombre et fraîcheur à ces plages idéalement orientées.

Les phares

Pour tous ceux qui naviguent, phares et balises font partie du paysage marin. Ils permettent de déterminer sa position lorsqu'on fait route en vue de la côte et d'éviter toutes sortes de dangers. Aujourd'hui encore, quatre-vingts phares émettent leurs signaux le long des côtes bretonnes. Ils sont presque tous automatisés. S'ils ne sont plus habités, quelques-uns se visitent encore, histoire de rêver autour du mythe du gardien de phare.

Le phare du cap Fréhel, lumière de la Côte d'Émeraude

Au-dessus d'un site légendaire, face à une réserve ornithologique, le phare du cap Fréhel domine la mer teintée d'émeraude. La falaise plonge ici à 70 mètres de hauteur. Par temps très clair, on aperçoit l'île de Bréhat, une partie du Cotentin et l'archipel de Chausey. Entre bruyères et ajoncs, le phare et le panorama ne font qu'un. Avant même d'accéder à son pied, sa stature impressionne : il mesure 33 mètres de hauteur. Il succède à deux premières édifications. Le cap Fréhel fut éclairé dès 1695 sur les conseils de Vauban. En 1845, une autre tour fut construite en remplacement de la première. Ce phare fut maintenu en service jusqu'à sa destruction par les Allemands à la Libération. Seul vestige de ce passé, la tour qui jouxte le phare faisait partie de l'ancien édifice. La construction de l'établissement actuel débuta en décembre 1946, et le phare fut allumé le 1er juillet 1950. Son feu, émis par une lampe halogène de 1 000 watts, brille de deux éclats blancs toutes les 10 secondes, il a une portée de 29 milles, soit 53 kilomètres.

Le phare du Petit-Minou, dans le goulet de Brest

Ancré sur un rocher avancé en mer sur un terrain militaire, le phare du Petit-Minou indique la route à suivre pour entrer dans la rade de Brest. La Marine réclamait depuis longtemps deux feux d'alignement pour sécuriser l'accès de la rade, mais ce n'est qu'en 1848 que le phare sera mis en service. Il est situé dans l'alignement du phare du Portzic, qui fait face à la pointe des Espagnols dans la presqu'île de Crozon. Le phare est haut de 26 mètres par rapport au niveau de la terre, mais il atteint 34 mètres au-dessus du niveau des hautes mers. Son feu blanc et rouge à éclats se manifestant toutes les 6 secondes à une portée lumineuse de 19 milles, soit environ 35 kilomètres. Sa tour cylindrique a été construite en pierres de taille extraites de la carrière de l'aber Ildut. À l'avant du phare, la tour blanche est l'ancienne tour radar du sémaphore de la marine nationale. Automatisé en 1989, il est télécontrôlé depuis Brest. Il n'est pas gardé et ne se visite pas.

Le phare de Saint-Mathieu, la lanterne séculaire

Au bout de cette terre la plus à l'ouest de la France, le phare Saint-Mathieu occupe l'une des plus impressionnantes pointes bretonnes, car l'océan s'offre dans une quasi-totalité panoramique. Surnommée « la proue de l'Ancien Monde », la pointe est chargée d'histoire. Au milieu des ruines, datant du XIIe au XVIe siècles, de l'ancienne abbaye bénédictine pillée et détruite sous la Révolution, le phare se dresse dans une harmonie marine et spirituelle. Une tour à feux érigée sous Louis XIV était entretenue par les moines, mais c'est en 1835 que le phare actuel fut édifié. Sa hauteur est de 37 mètres au-dessus du sol et de 58 mètres au-dessus des hautes mers. Après quelque 163 marches, le panorama qui s'étend de la pointe du Raz à l'île d'Ouessant surprend par son étendue, notamment par beau temps. Sa portée lumineuse est de 27 milles, environ 50 kilomètres. Son feu est émis par une lampe aux iodures métalliques de 150 watts et il brille d'un éclat blanc toutes les 15 secondes. Ce phare est toujours gardienné et peut être visité.

Le phare d'Eckmühl, la sentinelle princière

Du haut de ses 65 mètres, le phare d'Eckmühl est le deuxième plus haut de France. Il embrasse dans une vue unique tout le pays bigouden. Situé sur la pointe de Penmarc'h, il est né grâce à la générosité de la famille du prince d'Eckmühl. Sa fille, la marquise de Blocqueville, fit un don pour construire un phare sur l'un des points les plus dangereux de Bretagne à condition qu'il porte le nom de son illustre père. Il fut inauguré en 1897.

Aujourd'hui sa lanterne comporte deux optiques éclairées par deux lampes de 650 watts qui émettent un feu blanc à éclats toutes les 5 secondes. C'est l'un des phares les plus puissants de France. Le phare est gardienné et ouvert au public. Avant de gravir les 307 marches, vous découvrirez un intérieur particulièrement raffiné avec de belles boiseries et des carreaux d'opaline spécialement fabriqués par la société Saint-Gobain.

Le phare de Goulphar, la perle de Belle-Ile

Situé dans la partie sud-ouest de Belle-Ile-en-Mer, le phare de Goulphar est l'un des plus puissants de la Bretagne. Ce phare est avant tout un feu, un véritable repère pour les bateaux qui croisent au large. Il est capable de résister à des vitesses de vent de plus de 400 kilomètres par heure. Sa structure entièrement en granit a nécessité l'acheminement par bateau de centaines de tonnes de blocs de pierre en raison de l'absence totale de cette roche sur l'île, constituée de schiste. Haut de 52 mètres, il fut allumé en 1836, électrifié en 1890. Son feu blanc à deux éclats toutes les 10 secondes est éclairé par deux lampes de 650 watts. Il a une portée de 26 milles, soit environ 48 kilomètres. Il se visite et ses 247 marches permettent d'atteindre le balcon qui culmine à près de 50 mètres.

La pointe de la Torche

Le paradis d'Éole

Située sur la commune de Plomeur, la pointe de la Torche est au cœur du pays bigouden. Cette vaste étendue de dunes, de plages et de rochers est battue par le vent et les vagues de l'Atlantique au bord de la baie d'Audierne. Ce site est devenu au fil des années un haut lieu du tourisme et du sport nautique.

Une légende raconte que la pointe de la Torche était un repère de contrebandiers qui se promenaient la nuit avec des torches allumées pour attirer les navires sur la côte afin de les naufrager. Depuis, les temps ont bien changé. Le lieu est devenu un site naturel protégé et les bateaux ont fait place aux véliplanchistes et aux surfeurs. Dans les années 1980, des mordus de la glisse sont venus affronter les vagues déferlantes de la Torche, qu'ils jugeaient propices au surf et au funboard. Depuis, la Torche est devenu un site mythique, mondialement connu des champions. C'est l'un des meilleurs spots d'Europe et il a accueilli plusieurs manches du championnat du monde et de la Coupe d'Europe de surf. Pour les amateurs de sports à sensations, une école de surf s'y est implantée, assurant une initiation et une pratique du surf et du body en toute sécurité. Le char à voile a trouvé aussi sa piste sur les 11 kilomètres de plage de la baie d'Audierne. Sur cette grève sauvage et étendue, la mer roule, mugit et se brise avec fureur. Le spectacle des jeunes apprentis surfeurs bravant les vagues tels de petits pingouins remontant le courant est unique.

Saint-Brieuc

Une ville entre deux vallées

Quasiment à mi-distance entre Brest et Rennes, Saint-Brieuc est traversée d'est en ouest par la route nationale 12, la plus longue nationale française. Le relief vallonné du pays de Saint-Brieuc a nécessité la construction de deux viaducs, dont l'un enjambe le Gouët. L'occasion de découvrir la ville d'un point de vue original.

Saint-Brieuc est l'un des neuf évêchés de la Bretagne historique. La cité a été fondée par un moine gallois à la fin du Vᵉ siècle. Saint-Brieuc surprend par la diversité de son architecture et de ses ambiances. Quelques vieux quartiers témoignent du passé prestigieux de la ville. De belles demeures à pans de bois des XVᵉ et XVIᵉ siècles subsistent autour de la cathédrale-forteresse Saint-Étienne édifiée au XIIᵉ siècle. Non loin de là, des quartiers plus récents se sont développés, depuis la révolution industrielle jusqu'à nos jours. Un centre-ville aux allures plus modernes offrant de nombreux commerces le long de rues piétonnes anime la ville.

Saint-Brieuc est traversé par deux vallées profondes où coulent les rivières du Gouët et du Gouëdic. À partir de Saint-Brieuc, de nombreux sentiers balisés permettent de remonter ces cours d'eau, de longer leurs quais aménagés pour rejoindre leur embouchure, où ils se jettent dans la Manche. Sur le Gouët, le port du Légué occupe les deux rives. Son bassin à flot lui permet d'accueillir des bateaux de 1 500 tonnes. Déjà la terre s'écarte et la baie apparaît. D'abord depuis Saint-Laurent-de-la-Mer, qui offre un beau panorama sur le port du Légué et sur la baie de Saint-Brieuc, de l'anse d'Yffiniac jusqu'à Erquy. Plus loin, la pointe du Roselier, du haut de ses 73 mètres, offre la vue la plus panoramique sur toute la baie jusqu'à l'île de Bréhat.

La presqu'île de Crozon

L'ancre de marine de la Bretagne

C'est cette croix en forme d'ancre qui amarre l'extrême ouest du Finistère, le bout du continent européen, à l'océan. Située entre la baie de Douarnenez et la rade de Brest, la presqu'île de Crozon est une des plus belles franges littorales de Bretagne : des petits ports agréables, des côtes découpées, des falaises impressionnantes, des plages somptueuses et des panoramas magnifiques.

Le cap de la Chèvre

Le cap de la Chèvre est un cap de légende situé dans la partie la plus méridionale de la presqu'île de Crozon. Il fait face à la côte nord du cap Sizun. Le panorama s'étend de toute la baie de Douarnenez à la pointe de Pen-Hir et, encore plus loin, à la pointe Saint-Mathieu, et même par beau temps aux îles du Ponant, d'Ouessant et de Molène. Constitué de landes, de bruyères et de pins maritimes, ce cap est saisissant par son aspect sauvage et parfois désolé. Les landes s'étendent à perte de vue, parsemées çà et là de quelques hameaux peuplés de maisons en pierre traditionnelle. Le cap de la Chèvre est parcouru d'un sentier côtier propice à de grandes balades. Le sentier domine les falaises et la mer, mais attention, si l'on est susceptible d'avoir le vertige, s'abstenir ! Les falaises atteignent parfois une hauteur de 90 mètres. Ce sentier escarpé longe au plus près cette côte magnifique de Morgat jusqu'au cap de la Chèvre en passant par la pointe de Saint-Hernot. Vous serez alors surpris de découvrir à l'est de ce cap des paysages différents protégés des vents d'ouest. La beauté furieuse des falaises laisse place à une végétation plus variée et plus présente, en particulier les pins maritimes, qui s'accrochent aux falaises. Ils protègent des petites criques, véritables havres de paix hauts en couleur.

La pointe de Pen-Hir

Comme la plupart des sites de la presqu'île de Crozon, la pointe de Pen-Hir est gérée par le Conservatoire du littoral. C'est la plus célèbre des pointes de la presqu'île avec ses fameux « tas de pois », énormes rochers qui ont pour nom « Pen Glas » (« la tête verte »), « Ar Forc'h » (« la fourche »), et « Bern Id » (« le tas de céréales »). Ces trois rochers s'enfoncent dans l'océan et prolongent dans un instant suspendu le vieux continent. Du haut des falaises de la pointe parfois hautes de plus de 60 mètres, le panorama est grandiose. À l'est de la pointe de Pen-Hir, dans une anse protégée, la mer d'un bleu quasi transparent vient s'étaler tranquillement, tandis que de l'autre côté, les falaises et de profondes crevasses se jettent dans la mer houleuse. La pointe de

Pen-Hir est un trésor de petites plages presque désertes, de falaises escarpées et de paysages panoramiques. Les différentes expositions aux vents et au soleil constituent autant d'habitats naturels diversifiés pour les rapaces et corvidés. Les milliers d'hectares de dunes, de landes littorales et de falaises de la presqu'île de Crozon, qui sont englobés dans leur totalité dans le parc naturel régional d'Armorique, sont une source inépuisable de richesses naturelles.

La pointe de Dinan

La pointe de Dinan est également appelée château de Dinan pour la masse rocheuse qui s'impose face à la mer, après une arche figurant pour les plus imaginatifs le pont-levis du château. Cette superbe voûte modelée par les différentes formations géologiques et les fougues du temps est source de nombreuses rêveries. Pour certains on pourrait y croiser quelques korrigans, il paraît qu'ils retiennent en ce lieu des ogres malfaisants. Au bout des falaises déchiquetées, les pics vertigineux forment un paysage grandiose. Face à ces éléments, des petites plages de galets bordées de bruyère colorée offrent un instant de paix. Mais il faut oser aller jusqu'au bout de cette avancée pour admirer à loisir le point de vue sur l'anse de Dinan.

La pointe des Espagnols

La pointe tire son nom de l'arrivée des Espagnols en 1594 pendant les guerres de la Ligue sur ce bout de terre afin de mieux contrôler le Goulet et le port de Brest. La pointe des Espagnols bénéficie, en effet, d'une vue imprenable sur cette ville et son port militaire. La pointe constitue l'extrémité nord-est de la presqu'île de Crozon et ferme de ce côté-là la rade de Brest. En haut et en bas de la falaise haute de 60 mètres, de nombreux vestiges de fortifications rappellent le passé militaire de la presqu'île de Crozon. Le fort de la pointe des Espagnols est représentatif de l'architecture militaire présente sur ce bout de terre.

Douarnenez
La ville aux trois ports

Au creux d'une baie si large qu'elle ne semble jamais donner sur l'océan, Douarnenez coule des jours heureux entre une forte tradition de pêche sardinière, qui a fait la gloire du pays, et un nouvel art de vivre tourné vers la beauté naturelle du site. Entre histoire et bien-être, Douarnenez se découvre un deuxième souffle.

Penn Sardines

La baie de Douarnenez est une véritable mer intérieure qui s'enfonce dans les terres sur 35 kilomètres entre la presqu'île de Crozon et le cap Sizun. La baie est très poissonneuse et de tout temps les hommes de Douarnenez ont vécu d'une petite pêche vivrière. Douarnenez a toujours pêché la sardine mais c'est au XIXe siècle que la ville se métamorphose, quand la technique de la conserverie fait son apparition. Dès 1850, on compte jusqu'à 48 conserveries et 850 navires. Pendant que les hommes sont en mer, les femmes travaillent à l'usine. Les conserveries font de Douarnenez une véritable ville industrielle. De fortes luttes sociales ont marqué les conserveries avant de rencontrer la concurrence et le déclin. De ce passé, il ne reste que trois conserveries qui ont résisté et ont su se développer. Petit Navire, Arok et la plus vieille conserverie du monde, Le Connétable, fondée en 1853.

L'île aux Moines

La perle du golfe du Morbihan

Ornée d'une des plus belles baies du monde, l'île aux Moines est la plus grande île du golfe du Morbihan. Baptisée à juste titre « la perle du golfe », c'est un monde en miniature avec des paysages contrastés, une ambiance douce et parfumée qui en fait un refuge paradisiaque pour les amoureux de la mer et de l'insularité.

Une légende dit qu'il existe plus d'îles que de jours dans l'année dans le golfe du Morbihan. Cette « petite mer » en breton est, en effet, parsemée d'îles qui se dévoilent au gré des marées. Entre rêve et réalité, quelques-unes de ces îles sont habitées, et deux d'entre elles forment même une commune, l'île d'Arz et l'île aux Moines. On accède à l'île aux Moines depuis Port-Blanc. À Baden, un flux régulier de navettes permet en toute saison d'atteindre l'île, que 500 mètres seulement séparent du continent. Mais la distance ne compte pas. Le dépaysement est au rendez-vous dès le premier pas posé sur son sol. Située au centre du golfe, l'île est bien abritée et bénéficie donc d'un climat d'une douceur exceptionnelle. Camélias, hortensias et mimosas vous accueillent sitôt l'embarcadère franchi. L'île aux Moines est la plus grande des îles du golfe, elle mesure 7 kilomètres sur 5 de large pour une superficie de 310 hectares.

Sa forme est celle d'une longue croix granitique et aucun point de l'île n'est situé à plus de 450 mètres de la mer. Le golfe est omniprésent, chaque pointe, chaque détour de sentier est une fenêtre ouverte sur ses paysages à la beauté naturelle ancestrale.

Un petit paradis

L'île aux Moines offre un concentré de nature à travers la diversité de ses paysages et ses ambiances douces et reposantes qui fleurent bon le farniente. Une végétation luxuriante à demi-sauvage constitue l'un des principaux charmes de l'île. Camélias, mimosas, eucalyptus, figuiers, pins et même oliviers envahissent les sentiers et les jardins. L'île offre un bouquet de routes colorées et de chemins boisés pour tous les promeneurs à pied ou à bicyclette. Quatre sentiers balisés permettent de flâner à travers de douces collines, de tendres vallons et des bois aux noms enchanteurs (bois d'Amour, bois des Soupirs, bois des Regrets) sans jamais perdre de vue le golfe. À la pointe de Trec'h, la vue sur la pointe d'Arradon et l'île d'Arz est imprenable. À l'extrémité sud de l'île, le circuit de Penhap s'ouvre sur la pointe de Rhuys qui ferme le golfe. Tout le long de ces chemins, des hameaux sont formés de chaumières et de grandes demeures prestigieuses. L'habitat traditionnel est fait aussi bien de modestes maisons de pêcheurs aux murs blanchis et aux menuiseries colorées que de maisons de capitaines en granit plus importantes. Une harmonie architecturale et spirituelle se dégage de ce bout de terre. Si de nombreuses petites plages offrent çà et là des instants de communion avec la « petite mer », la Grande Plage, située entre l'embarcadère et le bourg bien achalandé, accueille la grande vague balnéaire de la saison.

Izenah

Izenah est la contraction du nom en breton que portait l'île au XIe siècle, Enez Manac'h. En 854, Erispoë, le roi de Bretagne, en fit don aux moines de l'abbaye de Redon, qui la cultivèrent. En 1453, alors que l'île commençait à se peupler, une paroisse fut créée. En 1792, elle fut déclarée commune sous le nom francisé d'Île aux Moines. Comme dans beaucoup d'endroits dans le golfe du Morbihan, l'île fourmille de sites mégalithiques, menhirs, tumulus et cromlech qui se laissent découvrir au détour des chemins. Vers le hameau de Kergonan, un cromlech de 101 mètres de diamètre dresse au firmament ses 24 menhirs. C'est le plus grand cromlech de France mais aussi le deuxième d'Europe. Non loin de là, une ancienne longère, « la ferme de Kergonan », et sa grange accolée constituent le musée du cromlech. L'autre grand site préhistorique de l'île se situe à son extrémité sud, sur le site de Penhap. La chambre de cet imposant dolmen à couloir est composée de neuf pierres supportant une table longue de 4,8 mètres. Partout sur les extrémités de l'île, dans les prés ou les jardins, des dolmens pointent leur majesté. Les passionnés d'histoire apprécieront ces témoignages émouvants du passé, qui sont aussi l'âme de l'île.

Brest
Métropole océane

Formant avec les huit communes voisines une communauté urbaine résolument tournée vers la mer, Brest est la plus grande ville de l'ouest breton. Nichée au fond du plateau du Léon, Brest s'abrite dans l'aber encaissé de la Penfeld où la rade accueille depuis des lustres de nombreuses installations militaires. Indubitablement liée à son port, l'histoire de Brest se conjugue à tous les temps.

Brest représente un emplacement remarquable qui n'a échappé à aucune civilisation. Les Romains y établirent déjà au IIIe siècle une place forte et militaire qui servit plus tard à l'édification du château à l'époque carolingienne. De nombreuses batailles se sont succédé dans les eaux de Brest, une partie de l'histoire navale de France s'y est déroulée. Brest a été élevée au rang de ville par Henri IV en 1593, la vie urbaine, économique et territoriale des siècles suivants a été marquée par l'évolution maritime et militaire de son port. Le pôle militaire atteint son apogée au XVIIe siècle, quand Richelieu a pour projet de faire de Brest le plus grand port de la Marine royale. Dès 1631, il décide de créer l'Arsenal. C'est le début du développement portuaire et militaire de la ville, qui conduira à la fortification du site. L'histoire de la ville de Brest est intimement liée à celle du port.

La rade de Brest, « la pensée de Richelieu, la main de Louis XIV »

C'est ainsi que Michelet symbolisait l'histoire de la rade de Brest, tant la construction des différentes installations militaires et portuaires s'inscrivait dans une continuité historique sans faille. En effet, si Richelieu a posé les bases de l'infrastructure portuaire sur les rives de la Penfeld, c'est sous Louis XIV qu'elles se concrétiseront. Colbert y affecte 80 vaisseaux et plusieurs centaines de bateaux, il fait construire l'Arsenal en 1664. Vauban, qui est chargé de fortifier le site et la ville, achèvera les travaux vers 1689. Au milieu du XVIIIe siècle, de nouvelles constructions viennent enrichir la ville. En 1769, une promenade surplombant de 30 mètres la rade est conçue par l'architecte Dajot. Le cours Dajot offre alors aux Brestois une belle flânerie bordée d'ormes de 600 mètres de long. Entre 1746 et 1784, l'ingénieur Choquet de Lindu agrandit l'Arsenal. Il édifie aussi le bagne de Brest, qui sera désaffecté au milieu du XIXe siècle. C'est de ce bagne que Vidocq s'évadera deux fois. Aujourd'hui, la rade de Brest est un vaste bassin de 150 kilomètres carrés, ouvert à l'ouest sur la mer d'Iroise. Un étroit goulet large de 1,8 kilomètre, appelé le goulet de Brest, ferme l'anse protectrice et en fait un point stratégique exceptionnel. C'est un plan d'eau sécurisant navigable toute l'année qui accueille un port de commerce important et le port de plaisance du Moulin-Blanc, qui jouit d'une grande notoriété. La présence militaire reste cependant le fondement de la vocation de la rade avec la présence du siège de l'escadre de l'Atlantique et de la Force océanique stratégique, et la base française des sous-marins nucléaires. C'est le premier port militaire de l'Atlantique.

Le château du bout du monde, le plus ancien château fort au monde encore en activité

Établi sur une assise gallo-romaine de choix, le château de Brest a évolué au fil des siècles, au gré des progrès défensifs de chacune des époques. Mais il a toujours conservé sa vocation de forteresse militaire. Ses vastes murs flanqués de tours furent inlassablement renforcés. Il fut aussi le rempart de la ville enclose jusqu'au XVIe siècle, le garant de la protection militaire grâce à Vauban, qui achève les travaux. Il demeure aujourd'hui encore un site stratégique de première importance, et c'est ce qui fait de lui le plus ancien château fort au monde encore en activité. Il fut très endommagé lors de la Seconde Guerre mondiale, pendant le siège de Brest d'août à septembre 1944. Une restauration d'envergure lui a rendu sa majesté multiséculaire, pour en faire à nouveau l'un des monuments majeurs de la Bretagne. Le château accueille dans sa cour intérieure le siège du commandement maritime du théâtre atlantique et la préfecture maritime. Il abrite aussi le musée de la Marine, riche d'une très belle collection de maquettes de bateaux, de tableaux et de sculptures. Face au château, la tour Tanguy fait figure de sentinelle sur la Penfeld. Elle a sans doute fait partie d'un autre système de fortifications au XIVe siècle, et a vécu elle aussi plusieurs vies avant d'abriter un musée proposant d'immenses dioramas historiques, qui sont autant de promenades à travers les rues de Brest avant 1939.

La reconstruction, « il pleut sans cesse sur Brest »

« *Il pleut sans cesse sur Brest* [...] *c'est une pluie de deuil terrible et désolée.* » Yves Montand chantait en 1949 ce poème de Jacques Prévert, Barbara, en souvenir des bombardements alliés qui ont détruit en 1944 la ville de Brest, sous une pluie de fer et de sang. Après les bombardements de 1944, il ne reste quasiment plus rien du vieux Brest, l'histoire est à réinventer, l'espace à recréer. Seuls le château, la tour Tanguy et une partie de Recouvrance tissent encore ce fil ténu qui retient la ville à son passé. La reconstruction fut confiée dès 1943 à Jean-Baptiste Mathon, qui organisa la ville selon un plan géométrique en damier, avec des artères bien droites s'ouvrant sur la mer. Il augmenta aussi la ville d'une importante zone urbaine. L'ex intra-muros s'ordonne autour de l'ancien axe majeur nord-sud, la célèbre rue de Siam qui doit son nom aux ambassadeurs du roi de Siam, débarqués à Brest en 1686 pour une visite à Versailles à Louis XIV. Cette rue alors longue, étroite et sinueuse va devenir cette immense artère principale à partir de laquelle la ville va s'ordonner. À l'une de ses extrémités, la place de la Liberté, avec l'hôtel de ville à l'architecture moderne, fait face au pont de Recouvrance. Il fut inauguré en 1954, et était alors le plus grand pont levant d'Europe. Le quartier de Recouvrance, situé sur la rive droite de la Penfeld, fut moins touché par les bombardements. C'est donc dans ce vieux quartier brestois que l'on peut admirer et respirer un peu de ce pittoresque breton des siècles passés. Une promenade de ce côté du pont constitue une belle échappée dans l'habitat populaire du XVIIIe siècle, la vie brestoise d'avant-guerre.

Le pays d'Auray
Balades entre terre et mer

Pays maritime et rural, le pays d'Auray offre de nombreuses balades, de la ria d'Étel à la baie de Quiberon. Au cœur de la campagne et le long des côtes, se découvre une belle terre de contrastes.

À pied ou à vélo, le pays d'Auray révèle un bel éventail de paysages variés où alternent champs de mégalithes, croix gothiques, chapelles, fontaines, nature et patrimoine rural authentiques. Le relief, plat dans l'ensemble, permet de découvrir sans difficultés cette région où la flore et la faune abondent. Notamment au Nord, dans les vastes forêts domaniales de Camors et Floranges où l'on peut surprendre sanglier, bécasse, cerf, petits mammifères… Forêts mystérieuses, comme il en existe tant en Bretagne, elles recèlent des pierres étranges, des arbres magiques et seraient peuplées de korrigans.
Pays de vallées, le pays d'Auray abrite celle de Tréauray creusée par le Loc'h, rivière d'eau douce, qui, à Auray, se charge d'eau salée et poursuit son cours au rythme des marées. À l'est, la vallée du Sal présente l'environnement d'un fleuve côtier entre marais, vasières et oiseaux marins.

La ria d'Étel, paradis ornithologique

Au départ du village de Sainte-Avoye, un sentier côtier permet de longer la rivière du Sal où l'on admire encore des moulins à marée.
De part et d'autre de la ria d'Étel – ce bras de mer paradisiaque pour les oiseaux qui s'étire dans la campagne jusqu'à Landévant et Landaul –, la nature préservée se révèle aux randonneurs dans toute sa splendeur. Petits ports, parcs à huîtres, landes, étangs et îlots : les sites sont d'une pureté exceptionnelle. Au milieu de la ria, l'île de Saint-Cado et sa chapelle du XIe siècle, véritable perle de pierre, continue d'inspirer les peintres. Autre petite merveille de ce pays : Auray et son port de Saint-Goustan niché au fond d'une ria du golfe morbihanais. Les stations balnéaires – Carnac, La Trinité-sur-mer, Quiberon – sont toutes proches et invitent à bien d'autres découvertes.

Des ports pittoresques

Une tradition maritime

La Bretagne ne peut se dissocier de la mer car ici, plus que dans n'importe quelle autre région de France, la terre et la mer forment un élément indissociable. Avec comme point de rencontre des ports qui marquent l'union des deux milieux.

Le golfe du Morbihan : Port-Navalo à l'honneur

C'est à l'entrée du golfe du Morbihan, sur la presqu'île du Rhuys, que Port-Navalo, appartenant à la commune d'Arzon, dévoile ses charmes. De fait, le lieu est sacrément privilégié par sa position géographique. Face à Quiberon sur laquelle Port-Navalo offre une vue exceptionnelle, le port jouit de quelques points de vue que beaucoup lui envient. Sur Quiberon évidemment mais aussi sur l'ensemble de la côte et sur des sites à haut patrimoine historique comme Locmariaquer. Cerise sur le gâteau, Port-Navalo est aussi à une encablure de Belle-Ile-en-Mer, la perle bretonne, qu'il est même possible de relier au départ du port dans de vieux gréements. Si aujourd'hui Port-Navalo est essentiellement un port de plaisance qui cultive avec brio ses atouts pour développer le tourisme fluvial (le coin est réellement charmant), il conserve des traces de son passé plus marchand.

Port d'escale presque obligatoire pendant des siècles puisqu'il marque l'entrée dans le golfe du Morbihan, il avait aussi des activités pêchières et il conserve de ces activités fortes quelque 500 corps-morts qui peuvent accueillir les bateaux. Mouiller dans les eaux de Port-Navalo, c'est se donner l'occasion d'assister à l'un des plus jolis couchers de soleil de toute la baie, puisque le port et le mouillage sont ouverts sur tout le littoral. Mais si les soirées permettent à la nature de dévoiler sa plus belle palette de couleur, les journées ne sont pas en reste. D'autant que les eaux particulièrement claires donnent à Port-Navalo un petit air de lagon tropical, qui finit d'en mettre plein la vue.

Erquy, entre pêche et grès rose

Cap sur les Côtes-d'Armor et Erquy, un petit port qui vit autant de la pêche que du tourisme. Les deux étant d'ailleurs intimement liés, tant la pêche crée l'affluence. Mais il ne s'agit pas de n'importe quelle pêche mais bien du fleuron de la côte, à savoir la coquille Saint-Jacques, un mollusque qui a même droit à sa fête tous les ans dans la petite ville. Un produit extrêmement recherché, notamment pendant la pleine saison (d'octobre à mai) et qui se pêche et se vend à Erquy dans les règles de l'art, parfois même au pied des bateaux, de retour de mer. Difficile de trouver alors coquille plus fraîche ! Une pêche qui soutient un tourisme gastronomique mais pas uniquement. Car le petit port d'Erquy a aussi d'autres atouts dans sa manche pour tout voyageur en quête d'authenticité. Le grès rose, extrait ici et taillé sur place, très utilisé dans les constructions depuis toujours, donne aussi au lieu un air indéfinissable, subtilement coloré et terriblement flatteur. C'est aussi cette même matière qui a servi à la construction du château de Bienassis, l'imposant monument de la ville (qui compte aussi quelques autres édifices à visiter) datant des XVe et XVIIe siècles, classé monument historique depuis 1945.

Entre Lorient et l'océan, des ports pluriels

D'un côté Lorient, immense et étendue, de l'autre l'océan et toutes ses richesses. Entre les deux, des ports et des petites communes toutes dévouées à l'activité portuaire. Face à Lorient et à ses cinq ports – port militaire, port de plaisance, port de pêche (le 2e de France), port de commerce et port passager – les autres communes pourraient faire triste mine. Pas du tout. De l'autre côté de la rade de Lorient, Locmiquélic n'a pas à rougir, avec ses espaces naturels préservés et ses deux ports de plaisance, Pen-Mané et Sainte-Catherine, autrefois hauts lieux de la pêche de la sardine et de la langoustine. Face à Lorient également, Port-Louis et sa citadelle qui flirte avec la mer occupent toujours aujourd'hui une place à part dans la rade. Ses deux ports, l'un de plaisance et l'autre de pêche, rappellent que la ville fut une référence dans le commerce maritime, notamment entre les Indes et l'Europe.

Le Croisic

Une station balnéaire de charme

En Loire-Atlantique, département rattaché historiquement et sentimentalement à la Bretagne, même s'il n'appartient plus à la région administrative depuis quelques années, Le Croisic fait partie de ces petites stations balnéaires comme on les aime.

Le Croisic, tout comme Piriac-sur-Mer tout à côté, mérite sa distinction de petite cité de caractère obtenue en 2006. Authenticité et préservation du patrimoine, voilà les maîtres mots de ce petit port qui a conservé l'allure typique des bords de mer de Bretagne. Situé à la pointe de la presqu'île guérandaise qui sépare l'estuaire de la Loire et le Traict, Le Croisic bénéficie d'une situation particulière, notamment côté plages. La côte de la presqu'île est en effet dans l'ensemble très rocheuse et la navigation tout comme la baignade peuvent y être périlleuses, ce n'est pas un hasard si on l'appelle la « Côte sauvage ». Le Croisic en revanche est en partie en pente douce vers la mer ce qui lui donne un aspect singulier et favorise grandement la diversité des paysages que l'on peut trouver sur la commune. Entre marais salants, dunes et vasière, le Croisic a néanmoins gardé tout le tempérament de la Côte sauvage, elle en conserve le caractère, la force et la tradition maritime. Son port, très prospère au

XVIe siècle, jouit aujourd'hui encore d'une belle activité qui s'articule autour de la pêche et de la plaisance. Une promenade le long des quais puis dans la vieille ville pittoresque, avec ses maisons à pans de bois serrées les unes contre les autres, vous donnera un petit aperçu de l'âme de cette cité de pure facture bretonne. Mais au-delà de l'atmosphère on ne peut plus charmante de la ville, les mordus d'histoire et d'architecture trouveront aussi ici matière à s'extasier. En effet, ce ne sont pas moins de 11 monuments historiques, classés ou inscrits au patrimoine, qui s'offrent aux regards des visiteurs sur la commune et aux alentours dont certains, pour les plus anciens, datent du XIe siècle.

Le Conquet
La pointe du Finistère

Son surnom ? Le « bout du monde » !
Car le Conquet est certainement le point le plus à l'ouest du Finistère. Cette ville de tradition portuaire est riche de vécu et sait donner autant que recevoir.

Le Conquet ? Une petite cité tout entière orientée vers la mer. Une cité qui s'articule ainsi autour de son port et avant tout portée par une tradition et une économie encore aujourd'hui presque entièrement tournée vers la pêche, avec notamment une flotte de 40 bateaux spécialisés dans la pêche aux crustacés et aux poissons nobles. C'est d'ailleurs l'un des principaux ports de pêche du Finistère à l'heure actuelle. Si aujourd'hui la ville et son port coulent des jours paisibles, il n'en a pas toujours été de même. Maintes fois attaqué et pillé au cours de son histoire, Le Conquet a dû développer des stratégies de défense, aussi bien contre les Anglais que contre les Normands, ses principaux assaillants notamment entre les XIIIe et XVIe siècles. Un passé bien lointain aujourd'hui mais qui lui donne un petit côté encore plus attachant. Car sa position géographique, faiblesse d'autrefois et caractéristique qui la rendait particulièrement facile à attaquer, lui donne aujourd'hui un atout indispensable pour développer ses activités maritimes et vivre entièrement tournée vers l'océan. Un océan qui recèle quelques joyaux à fleur d'eau, à découvrir assurément. À voir notamment à quelques miles des côtes, l'île de Quéménès (Kemenez en breton), rattachée administrativement à la commune depuis la fin du XIXe siècle. Elle fait partie de l'archipel des îles Molène et est accessible depuis le port du Conquet par navette. Cette île privée, abritant une ferme jusqu'aux années 2000, a été rachetée par le Conservatoire du littoral et fait aujourd'hui l'objet d'un véritable projet ambitieux, aussi bien de préservation des acquis que de développement durable. La ferme a repris une activité et des chambres d'hôtes accueillent les visiteurs qui veulent découvrir ce minuscule bout de terre et cet espace naturel préservé.

Redon

Une petite ville de caractère

Même si Redon ne borde pas l'océan, la ville, à quelques kilomètres seulement des côtes, n'en reste pas moins largement imprégnée par l'eau. Elle est en effet traversée par la Vilaine et possède un port très agréable.

« R*edon petite ville, grand renom »,* voilà la devise (inscrite en breton sur le fronton de l'hôtel de ville) de cette petite cité qui ne manque ni de charme ni de tempérament. De fait, cette petite ville des terres, bien ancrée dans son département de l'Ille-et-Vilaine, a su se forger une image forte au fil des siècles et de son histoire. Située au confluent de la Vilaine et de l'Oust, Redon s'est très vite organisée autour d'une activité fluviale qui a fait sa richesse notamment à partir du XVIe siècle. Navigable par la mer, la Vilaine était alors la principale voie pour apporter des marchandises depuis l'océan, déposées à Redon, avant-port de Rennes, puis transportées par bateaux fluviaux. De cette époque, la cité a conservé son port et les stigmates d'une économie tout entière tournée vers le commerce fluvial. Le long des berges et des quais, d'imposantes demeures d'armateurs et de commerçants témoignent encore des splendeurs passées et de l'opulence de l'activité maritime qui régnait ici pendant les XVIIe et XVIIIe siècles. Ville marchande, ville de patrimoine aussi. La cité certainement construite dès le

Moyen Âge autour de son abbaye offre aux visiteurs quelques édifices et monuments qui ne manquent pas d'intérêt. L'abbaye Saint-Sauveur tout d'abord avec sa tour romane dont certaines parties datent du XIe siècle. Les vestiges des remparts ensuite, érigés vers le XIIIe siècle pour protéger la ville ou encore la tour gothique et les greniers à sel qui sont de puissantes références à l'histoire et au passé des lieux. Découvrir des monuments oui, mais laissez-vous aussi porter par la ville. Une balade sur les pavés et dans les ruelles pittoresques, un détour le long des quais ou dans le cœur de la cité… voilà qui vaut tous les discours.

Le Faou

Un havre de charme aux abords de la presqu'île de Crozon

Ancienne cité médiévale blottie au fond d'une ria de la rade de Brest, la petite cité de caractère du Faou affiche un visage paisible. Dû en partie au charme de ses vieilles maisons à encorbellement.

Entre Brest, Quimper et Crozon, Le Faou offre une halte tranquille loin des itinéraires fléchés. La jolie petite rivière du Ster Goz, qui prend sa source dans les monts d'Arrée et se jette dans le goulet de Brest par un estuaire, lui confère sans doute ce visage serein. Mais cette petite cité de caractère doit également son charme à ses belles traces historiques. Deuxième port de la rade de Brest et siège d'un important trafic entre la Cornouaille et la mer à la fin du XIXe siècle avec le transport de bois de chêne et de hêtre dont les arbres peuplent la forêt du Cranou, elle conserve de magnifiques maisons en granit et en schiste datant du XVIe siècle. Certaines sont classées et remarquablement restaurées. Leurs étages à encorbellement, leurs façades recouvertes d'ardoises dégagent une atmosphère irrésistible qu'il fait bon respirer, dans la rue des Cendres notamment.

Flâneries et balades de proximité

L'église Saint-Sauveur du XVIe siècle se dresse en bordure de la rivière et se reflète dans ses eaux limpides. Elle présente un élégant clocher à dôme du XVIIe siècle, un double transept et un chevet à pans coupés. Il faut flâner dans les ruelles environnantes à l'ombre de son clocher et ne pas manquer la visite de la Maison de Pays (XVI-XVIIIe siècle) qui accueille une exposition permanente (histoire de la ville, costumes, moulages, photos) et des expositions temporaires.
Aujourd'hui, cette petite ville, passage obligé pour rejoindre la presqu'île de Crozon, propose en saison de pittoresques manifestations culturelles, tel le festival Noz Ar Ster Goz et des balades à proximité. Notamment pour admirer l'église Notre-Dame de Rumengol, en forme de croix latine. Un remarquable monument historique classé du XVIe siècle et lieu de l'un des pardons les plus connus de Bretagne.

Pays de Ploërmel
Le cœur de la Bretagne

Tout autour de la commune de Ploërmel, le pays éponyme bénéficie d'une situation géographique privilégiée, au cœur de la Bretagne, jouxtant la célèbre forêt de Brocéliande.

Bien ancré dans ses terres, ce petit coin de Bretagne est un vrai morceau d'authenticité, doté d'un joli patrimoine historique, de beaucoup de charme et d'un profil touristique intéressant. Ploërmel, la commune principale, est une ville au passé chargé puisqu'elle est l'ancienne cité des ducs de Bretagne. De cet antan prestigieux, la ville a conservé quelques marques architecturales qui valent le déplacement : le cloître des Carmes (qui date du XIIe siècle) et la chapelle Sainte-Marie des Carmes (qui date du XIIe siècle) sont particulièrement bien ouvragés alors que l'horloge astronomique, classée monument historique, est remarquable avec ses dix cadrans et son système planétaire. La vieille ville bordée de petites ruelles est ponctuée de très belles demeures, dont l'ancien hôtel des ducs de Bretagne. À Campénéac, à quelques kilomètres de Ploërmel, vous pourrez plonger dans le mysticisme des légendes de la Table ronde et apprécier l'extérieur de l'étonnant château de Trécesson (qui date du XVe siècle), tout de rouge vêtu, hanté paraît-il par une mariée enterrée vivante à son pied à la fin du XVIIIe siècle. Le reste du pays de Ploërmel ravira les visiteurs par le cadre et l'environnement aussi fleuris que pittoresques et par une atmosphère et un art de vivre des plus agréables. Les petites communes de Loyat, Taupont, Gourhel ou encore Montertelot sont ainsi de véritables havres de paix, tranquilles et idéaux pour des séjours à la fois reposants et profitables. Tout à côté de Loyat, le lac au Duc est le plus grand lac naturel de Bretagne (250 ha) et est totalement aménagé pour les loisirs nautiques : plages, ski nautique, voile, base de loisirs, etc. Il est aussi le lieu de rencontres de nombreux amoureux des fleurs puisqu'il est connu pour les hortensias plantés dans les sous-bois qui entourent le lac.

Archipel des Glénan
Grand large

Ce n'est pas une, mais bien plusieurs îles, un chapelet donc, qui compose l'archipel des Glénan, baigné, dit-on, par l'eau la plus claire de toute la Bretagne.

Un petit coin de paradis ! À une dizaine de miles marins des côtes et de Fouesnant, son port d'attache, l'archipel des Glénan offre à celui ou celle qui le découvre la vision la plus pure de ces morceaux de terre tout juste immergés d'une eau bleu lagon. Une nature à peine investie par l'homme, des terres à fleur d'eau, une eau souvent limpide et une faune et une flore terrestre et surtout marine qui laissent sans voix. L'archipel des Glénan est un véritable coup de cœur pour les amoureux de la nature. Et pourtant, il revient de loin cet archipel. Laissé presque complètement à l'abandon, ce n'est qu'avec l'arrivée de l'école de voile Les Glénans (une marque déposée avec le « s ») et du centre de plongée dans les années 1940 que l'archipel va revivre puis s'ouvrir doucement au tourisme nature, qui est aujourd'hui sa principale activité. Découverte à pied, randonnée, plongée et voile sont en effet les activités les plus courues sur la dizaine d'îles (l'archipel compte aussi de nombreux îlots) dont les principales (Saint-Nicolas, Loc'h, Bananec, Penfret, Fort-Cigogne, Moutons), font à peine quelques kilomètres de long. Accessible en vedette depuis le continent, du mois d'avril au mois de septembre (en hiver, la navigation peut y être dangereuse), l'archipel possède avant tout un intérêt pour les plongeurs et les amateurs de voile. La richesse des fonds marins y est en effet remarquable et la beauté et la configuration du lieu permettent une découverte à la voile très agréable. Sur terre le spectacle est surtout dû au narcisse de Glénan, une plante protégée qui prospère au printemps dans la réserve naturelle de l'île Saint-Nicolas ; à moins que la sterne qui vit dans la réserve ornithologique de l'île aux Moutons ne lui vole la vedette. Plus anecdotiques, le phare (avec sa maison du gardien) et le sémaphore de l'île de Penfret rappellent que l'archipel fut autrefois habité.

Paimpol
Au temps passé

Au fond de la baie qui accueille l'île de Bréhat, Paimpol, ancienne presqu'île fertile, est une cité pleine de charme et riche d'une histoire portée haut par un patrimoine intact.

Lorsque l'on vous dit Paimpol, vous pensez immédiatement coco, non ? De fait, le haricot demi-sec jouit d'une réputation qui n'est absolument pas galvaudée. Produit et récolté avec le plus grand soin dans ce bout de terre un temps baigné par la mer, issu exclusivement d'une production locale sur le territoire de Trégor-Goëlo, il bénéficie d'une AOC depuis 1998 et possède même sa confrérie depuis 2000. Reconnaissable de par sa robe jaune paille marbrée de violet, le coco de Paimpol a une chair délicate qui ravit les gourmets. Terre de culture, mais terre d'histoire aussi. La ville de Paimpol, avec ses petits immeubles en rangs serrés, ses maisons d'armateurs, ses rues pavées et son port, rappelle aux visiteurs qu'elle fructifie depuis le Moyen Âge. Presque entièrement tournée vers la mer et la pêche dès le XVe siècle, point de chute des pêcheurs courageux qui bravaient la mer au large de l'Islande notamment au XIXe siècle, Paimpol a gardé de ce passé un dynamisme qui la caractérise encore aujourd'hui. Certes la pêche moderne est bien différente, plus restreinte et plutôt dédiée à la Saint-Jacques, et la petite cité (moins de 8 000 habitants à l'année) ne grouille plus comme à l'époque de marins avides de raconter leurs aventures. Mais elle en a gardé cette empreinte typique, cette âme qui la rend si chaleureuse, si accueillante. Paimpol, enfin, est une petite ville qui, comparativement à sa superficie, possède un joli patrimoine. L'abbaye de Beauport notamment, qu'on pourrait nommer fer de lance de la ville, se situe sur la grève et raconte à elle seule près de 8 siècles d'histoire : depuis ses débuts monacaux au XIIIe siècle jusqu'à son « sauvetage » par l'écrivain Prosper Mérimée. Aujourd'hui ouverte au public toute l'année, elle propose régulièrement, en plus de sa visite, des expositions et des animations.

La Bretagne terrestre

Les géants de Rothéneuf

Les rochers sculptés de l'abbé Fouré

À la sortie de Saint-Malo, sur la route de Cancale, le tranquille havre de Rothéneuf, bien connu des plaisanciers, est aussi la demeure d'une drôle de réalisation. Des centaines de figures sculptées à même le granit font face à la mer. Un bel exemple d'art naïf.

En 1864, l'abbé Fouré, un curé de campagne à la retraite sur le banc de sable fin de Rothéneuf, eut l'idée folle de s'armer d'un marteau et d'un burin pour ciseler près de 300 personnages dans les rochers, au-dessus de la plage du Val. Pendant vingt-cinq années, de 1870 à 1895, ce bâtisseur de l'imaginaire va façonner dans le granit des pirates des monstres marins, des corps allongés, des têtes humaines, d'animaux ou de démons. Ce fut un travail colossal s'étalant sur près de 500 mètres carrés de falaise. Les rochers sculptés constituent un univers étrange peuplé de personnages d'un autre temps. Les figures grimaçantes façonnées par la main de cet homme évoquent les gargouilles médiévales et les êtres fantasmagoriques de nos cathédrales. C'est un extraordinaire jardin de pierre dominant l'océan, visible à marée basse depuis la mer. L'abbé Fouré s'est inspiré de la légende de la famille des Rothéneuf, une célèbre et effrayante lignée de pirates, corsaires et nobles de la région au tempérament sanguinaire, qui a vécu dans la région entre le milieu du XVIe et le XVIIIe siècle. Ses sculptures naïves, peintes au goudron, illustrent la vie des Rothéneuf, dont chaque membre est mis en scène avec les créatures de l'enfer, les monstres marins. Du fait de la vocation de leur auteur, les sculptures peuvent aussi être perçues comme une référence biblique à l'Apocalypse et au monde des ténèbres. Mais quelle que soit la source de l'inspiration, c'est un chef-d'œuvre de l'art naïf, et ces gargouilles demeurent immuables face à l'océan, sentinelles féroces et fantastiques.

Le parc naturel régional de Brière

Un monde mi-aquatique, mi-terrestre

Situé au cœur de la presqu'île de Guérande, à quelques kilomètres de l'Atlantique, le parc de Brière est un vaste territoire constitué de marais et habité de traditions. Un univers bucolique où l'on déambule à bord des chalands, les barques qui sillonnent les canaux bordant les chaumières et perpétuent des savoir-faire ancestraux.

Le parc de Brière a été créé en 1970. C'est l'un des premiers parcs naturels régionaux de France. S'étendant sur 6 700 hectares répartis sur 18 communes et s'étirant sur 130 kilomètres de canaux, c'est le deuxième marais d'Europe après la Camargue. Le site se caractérise en effet principalement par ce marais qui recouvre près de la moitié de sa surface. Il constitue un joyau naturel exceptionnel riche d'une faune et d'une flore insolites. Cette zone humide est aujourd'hui recensée parmi les plus riches d'Europe sur le plan biologique. Le parc de Brière met tout en œuvre pour protéger et mettre en valeur les marais briérons, les prairies humides, les buttes, les roselières et les canaux. Le parc possède une biodiversité unique mais aussi fragile. La loutre, l'orchidée, le brochet, le tamaris, la libellule, la grenouille sont autant d'habitants qui constituent cette étonnante richesse écologique. Pour retrouver des sensations oubliées d'équilibre avec la nature, il suffit alors de partir au fil de l'eau, de se laisser entraîner par le vol d'un oiseau ou par la vue d'un toit de chaume pour entrer dans ce monde fascinant et accueillant. À bords des chalands, les barques ancestrales des Briérons qui circulaient ainsi à travers la Brière déjà au Moyen Âge, en route vers une nature intacte et protégée !

Jugon-les-Lacs
Un joyau de Penthièvre

Né dans un vallon encaissé entre deux crêtes boisées, Jugon-les-Lacs fait figure d'oasis au milieu d'un océan de verdure. Labellisée « petite cité de caractère », la ville au riche passé historique se concentre autour de son grand étang et de ses lacis de ruisseaux.
C'est aujourd'hui un haut lieu de villégiature de la Bretagne intérieure.

Au cœur d'un pays de rivières et de lacs, Jugon-les-Lacs est une ancienne place forte du duché de Penthièvre, qui a conservé sa structure originelle entre les eaux vives animant encore la ville. Les demeures de granit des XVIIe et XVIIIe siècles sur la place du Martray ou la maison Sevoy de 1634 avec sa célèbre tourelle rappellent la prospérité passée. Le bourg, si calme aujourd'hui, fut autrefois une forteresse hautement stratégique, protégée par les deux étangs artificiels créés en 1200. Richelieu la fera raser en 1616. Il ne reste aucun vestige de ce noble passé sinon le nom de la rue qui y menait. Jugon-les-Lacs s'est donc tourné vers un devenir touristique mêlant son patrimoine architectural aux activités d'eau et de plein air qui forment l'essentiel des ressources de la ville.

Les joies du plein air

Jugon-les-Lacs s'adosse à un long étang de 70 hectares alimenté par plusieurs rivières dont la Rosette, anciennement baptisée le Jugon. Si les lavoirs fleuris agrémentent encore les cours d'eau de la ville, les moulins et les pêcheries ont disparu. L'essentiel de ce dispositif aquatique tourne autour du Grand Étang. Les bords peu profonds du plan d'eau permettent de pratiquer une pêche relativement aisée et abondante : carpes, tanches et autres poissons blancs y pullulent et il n'est pas rare d'y croiser des poissons carnassiers tels que des perches, des sandres et des brochets. Pour les amoureux de sport, le centre nautique de Jugon anime les rives du lac toute l'année. C'est aussi le rendez-vous des amoureux de la nature et des randonneurs, comblés par les sentiers ponctués de manoirs et de chapelles avec la ville pour horizon.

Un labyrinthe d'eau et d'îles

Vous vous laisserez surprendre par le spectacle sans cesse renouvelé de l'envol des oiseaux et de la danse des plantes du marais. À pied, à vélo ou à cheval, de nombreux sentiers de randonnée offrent la possibilité de plonger dans un océan de tourbes et de roseaux où l'eau et le ciel se rejoignent. Dirigés à la perche par des guides briérons, les chalands sillonnent et côtoient en toute quiétude cette nature foisonnante. Ils vous permettent d'observer au plus près les oies, les canards, les ibis et les courlis cendrés, les hérons pourprés et les mésanges, d'admirer les couleurs de l'iris, du chardon et du nymphéa. Cette proximité respectueuse vous entraînera dans la vie et les activités du marais, ses traditions de pêche, de chasse et ses vieux métiers. Des promenades guidées en calèche vous emmèneront vers les villages de chaumières comme celui de Kerhinet ou celui de l'île de Fédrun. C'est ici aussi que résonne l'âme du pays. Avec plus de 3 000 chaumières, la Brière rassemble 60 % des chaumières de France. Une forte tradition de culture du roseau et de sa transformation en chaume fait encore vivre des métiers anciens oubliés dans d'autres régions. Le parc offre sur toute son étendue une grande diversité de logements qui permettent de profiter des petits matins émerveillés de cette nature authentique, de ces soirées enchantées par le chant des oiseaux et le frissonnement des plantes. Passer une nuit sur place est une manière unique de profiter de la magie des lieux.

UIL VINC

Le Parc floral de Haute-Bretagne

Une invitation à la flânerie

À quelques kilomètres au nord-ouest de Fougères, les jardins du château de la Foltière, dans le petit village du Châtellier, ont été aménagés en une réalisation paysagère singulière : le Parc floral de Haute-Bretagne, détenteur du label « jardin remarquable », regroupe seize jardins aux inspirations voyageuses, où des centaines d'espèces de végétaux sont présentées.

Dans un parc paysager à l'anglaise créé vers 1830, le Parc floral de Haute-Bretagne est riche de plus de 3 000 variétés de plantes arbustives et vivaces de toutes les contrées tempérées et d'essences rares. En 1995, le nouveau propriétaire décide de réhabiliter le jardin laissé à l'abandon. Aujourd'hui, la collection de seringas et de roses anciennes participe à la qualité exceptionnelle de ce lieu labellisé « jardin remarquable ». Ce jardin acclimate les essences des différents continents dans 16 jardins thématiques offrant le dépaysement à leur simple évocation. Un circuit fléché permet de découvrir les différents univers et vous embarque pour un voyage bucolique et initiatique. Sur une superficie de 20 hectares, le Parc floral est une invitation à la rêverie et à la flânerie à travers ses jardins luxuriants et élégants, comme le « jardin des mille et une nuits », le « jardin du soleil levant », ou la « cité antique » établie dans l'ancien potager, dont a été conservé le tracé d'origine. Le « vallon des poètes » ou la « source bleue » vous plongeront dans des puits de senteurs. Ces jardins aux noms évocateurs puisent leur inspiration dans des essences variées, parfois lointaines et même originales comme en témoignent les étonnantes tourbières avec les plantes insectivores du jardin préhistorique. Ces lieux sollicitent nos sens et sont bercés par la musique de l'eau omniprésente.

Un voyage thématique

Le voyage commence par le jardin perse, inspiré des jardins d'eau mauresques. Ici, la musique des jets d'eau réveille les fragrances des jasmins, des roses anciennes et des daphnés. Le jardin est traversé par un canal alimenté par des jets d'eau arqués qui apportent de la fraîcheur l'été. Après le « jardin de la cité antique », la « cité de Cnossos » est un labyrinthe de verdure, un dédale végétal planté de 320 variétés de camélias. Le voyage continue en Asie à travers un bouquet d'une cinquantaine de variétés de bambous, avant d'arriver au « jardin du soleil levant ». Une combinaison du végétal, du minéral et de l'aquatique représente les trois aspects du jardin japonais. Le « vallon des poètes », avec ses petits ponts et ses bouquets sauvages, est une succession de jardins généreusement plantés de rhododendrons, d'azalées et de mille autres plantes. Il est traversé par un ruisseau irriguant des bassins bordés d'astilbes et de salicaires, d'iris japonais et de pigamons. Le « jardin de la source bleue » étale ses teintes bleutées des massifs d'hortensias et des bouquets d'agapanthes, de véroniques et d'asters. Ce jardin s'ouvre sur une pièce d'eau qui annonce le « jardin du soleil couchant ». Devant la façade du château, le jardin reçoit la lumière du soleil à la tombée du jour, flamboyant de roses et d'hémérocalles d'un jaune intense.

L'espace rural breton

Un caractère bien trempé

Créé en 1975 pour valoriser le patrimoine de certaines communes dotées d'un bâti architectural de qualité, le label des Petites cités de caractère met à l'honneur une vingtaine d'agglomérations de l'espace rural breton. Cette nouvelle carte touristique permet de découvrir d'étonnantes villes dotées d'un patrimoine urbain de premier ordre, en phase avec son histoire et ses activités passées. Voici notre sélection.

Rochefort-en-Terre, petite cité pittoresque

Nichée sur un éperon rocheux, cette ville est aussi l'une des plus petites (avec 121 hectares seulement). Quelques centaines de maisons à pans de bois côtoient les bâtiments de style gothique et les hôtels classiques. Au gré des rues et des volées d'escaliers, alternent somptueux logis et vastes panoramas. La collégiale Notre-Dame-de-la-Tronchaye, édifiée au VIIe siècle, ajoute une touche supplémentaire au charme de Rochefort-en-Terre. En parcourant la Grande-Rue, les demeures aux façades de schiste, de granit, et aux encorbellements de pierres témoignent de la richesse du passé.

Malestroit, la cité aux besants d'or

Cette cité millénaire était autrefois une étape pour les pèlerins se rendant à Compostelle. Au XVe siècle, Malestroit fut l'une des neuf baronnies de Bretagne. Cet îlot était protégé par des remparts dont il reste quelques vestiges. Au XVIe siècle, son activité commerciale fut favorisée par la construction de deux écluses à sas, parmi les premières en France, qui relièrent la cité à Redon. Se dressent autour de la place du Bouffay des maisons du XVe et du XVIe siècle de toute beauté. Ainsi que des demeures à colombages où de curieuses sculptures polychromes sont accrochées aux façades en encorbellement. De riches maisons bourgeoises ont été édifiées en granit sculpté. De nombreux édifices religieux, comme l'église Saint-Gilles (construite au VIIe siècle et agrandie au cours du XVe et du XVIe siècle), ont été bâtis au cœur de la cité aux besants d'or.

Josselin, sur la route des ducs de Bretagne

Le château de Josselin se dresse sur une colline au-dessus de l'Oust. On ne peut parler de Josselin sans évoquer le château des ducs de Rohan tant leur destin et leur histoire sont étroitement liés. Sa façade intérieure est décorée d'une dentelle de pierre, trésor d'architecture de la Renaissance bretonne. Cette ancienne forteresse, dont la façade date du Moyen Âge, est la porte d'entrée d'une cité où les trésors architecturaux abondent. La cité s'organise autour de la basilique Notre-Dame-du-Roncier, édifiée au XIe siècle, puis remaniée ensuite. Les façades de certaines maisons à pans de bois du XVIe et du XVIIe siècle sont ornées de sculptures. Josselin demeure une étape incontournable sur la route des ducs de Bretagne.

Moncontour, un tourbillon médiéval

Fièrement accrochée à flanc de colline, il émane de Moncontour un véritable charme médiéval. Charme que l'on doit beaucoup aux vestiges de ses imposants remparts édifiés au XIe siècle, à la tour Mognet qui date du XIIIe siècle ou encore à la porte du faubourg Saint-Jean. Cette ancienne place forte du comté de Penthièvre fut un centre économique important comme en témoignent les grandes demeures à pans de bois et les nombreux hôtels particuliers le long des pittoresques ruelles du village. L'église Saint-Mathurin se dresse au milieu de la place centrale. À ne pas manquer : ses vitraux du XVIe siècle et son retable du XVIIIe siècle.

Combourg, romantique à souhait

L'âme de François-René de Chateaubriand plane sur Combourg, la cité qui l'a vu grandir et devenir ce romantique passionné. Le château de Combourg, édifié du XIIe au XVe siècle, est une imposante forteresse de granit au cœur d'un parc arboré. Le site constitue l'identité de la ville, mais la Petite cité de caractère reste aussi une étape de charme où les maisons à pans de bois agrémentent les rues et les ruelles de la ville. La maison de la Lanterne, hôtel particulier de granit du XVIe siècle, et le relais des Princes, ancien relais de poste, figurent parmi les plus anciennes constructions de Combourg.

Les monts d'Arrée

Entre bruyères et mystères

Les monts d'Arrée, constitués d'un ensemble de crêtes, ont déjà envoûté des milliers de voyageurs dès le premier regard. Du Roc'h Trevezel au Ménez-Hom, ce ne sont que landes et tourbières à perte de vue. Ces crêtes rocheuses et ces vallées sauvages font aujourd'hui partie du parc naturel régional d'Armorique. Entre bruyères et mystères, c'est le pays de l'Ankou et des korrigans, ces êtres fantastiques contés dans les légendes bretonnes !

Ce paysage aride, presque irréel, est des plus surprenants, au point d'avoir servi de décor au film La Planète des singes ! Cette région sauvage et son ciel changeant sont un lieu de prédilection pour les poulpiquets des légendes bretonnes… Tout particulièrement lorsque la brume vient couvrir la lande… Une plongée dans le folklore breton à la frontière du réel avec frissons garantis.

Les portes de l'enfer

Au pied du mont Saint-Michel de Brasparts, le Yeun Elez, une vaste étendue de tourbières aujourd'hui submergée en partie par le lac artificiel de Saint-Michel, a toujours été considéré comme une zone dangereuse à cause des gaz venant du sol. Des farfadets virevoltaient souvent sur la tourbière la nuit venue. Les gens du pays et les voyageurs ne s'y aventuraient jamais, de crainte d'être emportés par le diable en personne. La légende bretonne prétend que c'est là que se trouve le Youdig, c'est-à-dire le gouffre formant l'entrée de l'enfer ! Sur ces terres de mystères et de superstitions régnait aussi l'Ankou, l'ouvrier de la mort. Malheur à celui ou à celle qui entendait le grincement de sa charrette. Pis encore était le sort de celui ou celle qui le voyait ! Ce long squelette vêtu de noir parcourait la campagne pour accomplir sa funeste mission, se servant d'un os humain pour aiguiser sa faux.

Huelgoat
L'insolite

Huelgoat figure parmi les plus beaux sites naturels de pierres et de forêts en Europe. Arrondis, façonnés par le temps, les rochers venus des profondeurs de la terre poussent entre prés et chaos, rivières et légendes. Seules ou amoncelées, comment ces pierres sont-elles arrivées jusque-là ? Nul ne le sait. Avec l'érosion, les roches ont dévalé les pentes et se sont arrêtées là où elles le pouvaient, formant parfois un chaos des plus insolites !

De la balade à la légende

Au fil du Fao, les amoncellements granitiques se succèdent et la rivière gronde. On la surnomme aussi Rivière d'Argent en raison de l'exploitation des mines argentifères dans la région au siècle dernier. À partir de ce filet d'eau aux mille couleurs, se trouvent les plus beaux sentiers de la région. Vous y croiserez mille rochers. Selon la mythologie celtique, un géant nommé Hok-Bras, le Gawr ou encore Gargantua, est à l'origine du chaos du Moulin. Ce dernier se serait vengé du maigre repas que lui auraient offert les habitants de la forêt de Huelgoat. Arrivé au bord de la mer, il lança tous les rochers qu'il rencontra sur sa route en direction du village, ce qui forma le chaos. À cette légende s'en ajoutent d'autres, comme celle de la vieille querelle entre deux villages voisins, Plouyé et Berrien. Les habitants se bombardèrent respectivement de rochers mais, présumant trop de leurs forces, les pierres tombèrent à mi-chemin… Le chaos du Moulin, la grotte du Diable, le ménage de la Vierge sont des merveilles géologiques mais aussi fantastiques. Plus loin, dans le gouffre, si l'eau tonitruante prend parfois une couleur rouge sang, c'est parce que la cruelle Dahut, fille du roi de la ville d'Ys, y faisait jeter ses amants de passage. Il ne serait pas étonnant alors d'entendre, mêlés au tumulte des eaux, leurs cris d'effroi. Plus loin, la grotte du Diable est tout aussi impressionnante : c'est, dit-on, la porte d'entrée de l'enfer !

La Roche-aux-Fées
et ses secrets bien gardés

Non loin de Rennes, la Roche-aux-Fées est un monument mégalithique surprenant de par ses dimensions : 19,5 mètres de long, 6 de large et 4 de haut. Tour à tour refuge de dragon, tombeau de général romain, temple ou site de sacrifices humains, il suscite bien des interrogations.

Une œuvre monumentale

Au bout d'une allée boisée, dans une petite clairière, 41 blocs de schiste rouge composent la Roche-aux-Fées. Dans cet environnement préservé et depuis environ 2500 ans avant notre ère, ce mégalithe est constitué de 33 pierres levées et de 8 qui lui servent de couverture.

La légende des fées bâtisseuses

Les fées avaient pour rôle d'honorer les morts qui avaient été de bons vivants. Elles construisaient alors des grottes indestructibles pour mettre leurs cendres à l'abri de la malveillance et de la destruction du temps. On dit que leur influence bienfaitrice répandait un charme indéfinissable dans la région, encore palpable de nos jours. C'est pourquoi elles bâtirent la Roche-aux-Fées. Certaines restaient sur le lieu où devait s'élever le monument, en préparaient les plans et l'édifiaient. Les autres allaient dans la forêt du Theil, chargeaient leurs tabliers de pierre et les apportaient à leurs compagnes ouvrières. Averties de la fin du travail, des fées dénouèrent leurs tabliers et déposèrent les pierres là où elles se trouvaient. C'est de là que proviennent tous les autres menhirs éparpillés dans la campagne alentour. Depuis, des plaintes se font entendre et la légende raconte que ce sont celles des morts qui reposent et appellent les fées. On dit aussi que ces plaintes continueront jusqu'à leur retour.

Le cairn de Barnenez

Le Parthénon de la préhistoire

C'est dans ces termes éloquents qu'André Malraux décrivait ce grand tumulus qui domine la presqu'île de Kernelehen face à la Manche. Le cairn de Barnenez est le plus grand tumulus d'Europe, il constitue aussi l'une des premières traces de constructions durables du vieux continent.

Situé sur la commune de Plouezoc'h, le cairn de Barnenez occupe un replat côtier assis sur la rive droite de l'embouchure de la rivière de Morlaix. Ce gigantesque site mégalithique remonte au néolithique, période qui correspond à l'apparition de la pierre polie, de l'élevage et de l'agriculture. Les archéologues l'ont daté de 4 500 à 3 500 avant J.-C. Le cairn de Barnenez faillit disparaître en 1954, transformé en carrière par un entrepreneur peu regardant ; le site sera sauvé de justesse en 1955 par le directeur des antiquités de Bretagne de l'époque en classant le monument. Des fouilles ont permis de découvrir des chambres funéraires, sa restauration de 1955 à 1968 a rendu au cairn de Barnenez toute sa force empreinte de paix.

Le plus important tumulus d'Europe

Au sommet de sa colline, cette curieuse construction du fond des âges est l'un des premiers témoignages de l'architecture. Ce cairn à parements étagés de pierres sèches se caractérise par son aspect allongé, il est long de 72 mètres pour 20 à 25 mètres de large et 9 mètres de hauteur. Les archéologues ont distingué, en fait, deux cairns juxtaposés aux structures symétriques. Tous deux sont formés de pierres sèches empilées, les bords sont constitués en gradins. Au total, leurs longs couloirs mènent à onze chambres qui peuvent être interprétées comme des espaces funéraires ou des lieux d'initiation. Sur les onze sépultures mégalithiques, deux sont ouvertes au public. Les entrées des tombes sont toutes du côté de la façade sud-est.

Nantes
La métropole atlantique

Située sur l'estuaire de la Loire à 55 kilomètres de l'océan Atlantique, Nantes est un carrefour historique, économique et culturel entre la Bretagne, l'Anjou et la Vendée. À la fois fluviale et océane, la ville s'élève à l'endroit même où la Loire et ses affluents se mêlent à l'Atlantique. Ce lieu de convergence des voies terrestres et maritimes a fait de Nantes un site naturellement favorable aux échanges de marchandises entre les hommes. Si le château des ducs de Bretagne et les quartiers moyenâgeux signent leur appartenance à l'histoire et à la région, son patrimoine architectural urbain atteste de l'aventure commerciale, industrielle et technologique qui n'a jamais cessé d'évoluer.

Nantes fut la capitale du duché indépendant de Bretagne, elle était couronnée par son imposant château, le dernier sur la Loire. La partie la plus ancienne date du XIIIe siècle, mais c'est au XVe siècle, sous l'égide de François II, dernier duc de la Bretagne indépendante, que la forteresse militaire défensive sera transformée pour devenir un lieu de résidence de la cour bretonne. Anne de Bretagne terminera l'œuvre de son père en ajoutant des tours, un pont-levis, des lucarnes et des loggias sous influence italienne annonçant la Renaissance française. En épousant Charles VIII, Anne de Bretagne devient reine de France, le château se transforme alors en une demeure des rois de France, se modelant au gré des modes royales, des guerres et des incidents du temps.

Les places, à tous les temps

Autour du château, le quartier médiéval du Bouffay est le théâtre de la vie commerçante de l'époque, il égrène avec beaucoup de cachet ses façades à pans de bois, ses colombages et encorbellements, tandis que le XVIIIe siècle y ajoute des hôtels particuliers. Non loin de là, la cathédrale de style gothique flamboyant se dresse du haut de ses 63 mètres. La cathédrale renferme l'étonnant tombeau en marbre blanc et noir des parents d'Anne de Bretagne. Le lieu emblématique du siècle des Lumières se situe autour de la place Graslin. Elle a été conçue en hémicycle, à l'image d'une salle de spectacle, d'ailleurs elle est vite devenue le centre de la vie artistique de Nantes avec le théâtre Graslin. Tout près, La Cigale, l'une des plus belles brasseries de type années 1900 de France, perpétue l'effervescence artistique et mondaine de la vie nantaise. Située au cœur de Nantes, la place Royale est un bel exemple de l'architecture classique de cette époque. Elle est dominée par une fontaine où la statue de Nantes surplombe la Loire et ses affluents.

L'île Feydeau, l'âge d'or

Le XVIIIe siècle est le siècle d'or de Nantes, son port est à cette époque le plus grand de France. C'est avant tout un port colonial de commerce, ses navires reviennent des « Isles » chargés d'épices, de café, de sucre, de coton et d'indigo. Ils s'amarrent sur le quai de la Fosse qui concentrait alors la majeure partie du trafic maritime du port de Nantes. Les marins de tous horizons se côtoient sur ce quai et dans ses bars à matelots, tandis que les armateurs se font bâtir des immeubles et des hôtels particuliers sur l'île Feydeau. Ce bout de terre habité est un joyau architectural directement issu du florissant commerce triangulaire entre Europe, Amérique et Afrique, négoce notamment d'épices, d'étoffes mais aussi d'esclaves, il faut bien l'admettre ! Très vite, les armateurs les plus riches se font construire de nobles demeures aux façades d'une rare élégance. Certains immeubles du quai Turenne qui semblent tanguer peuvent laisser croire au visiteur qu'il est victime de mal de mer, il n'en est rien, le sol peu stable sur lesquels on a bâti ces bâtiments en a fait pencher certains mais leur solidité n'en est pas pour autant altérée. Le tuffeau blanc, les ferronneries et les mascarons ornent tous les murs. Les vastes travaux urbains du XXe siècle combleront le lit de la Loire qui coulait vers l'île Feydeau, mais pour les Nantais, cette petite perle reste à leurs yeux ce rêve maritime.

Le passage Pommeraye, sur les pas de Lola

Le XIXe siècle bâtit de nombreuses folies, la plus belle et la plus célèbre est le passage Pommeraye. Quelques bourgeois nantais décidèrent de construire un luxueux passage couvert digne des passages parisiens très en vogue et qui drainaient de gros capitaux. Le passage Pommeraye est ce lieu commerçant de passage et de galanterie qui n'a rien perdu de sa magnificence. De style néo-classique typique du XIXe siècle, il est considéré comme l'un des plus beaux passages de France. Avec ses contremarches ornées et ses balustrades ajourées décorées de statues de chérubins qui supportent des torchères, le passage, unique en son genre, est immédiatement identifiable. Entre les quartiers des places classiques et la place du commerce si animée, la traversée de cette galerie à étages ayant une atmosphère surannée et pourtant si vivante est comme une croisière hors du temps. La douce quiétude du passage Pommeraye fut magnifiquement rendue palpable sur grand écran par le cinéaste Jacques Demy, grand amoureux de sa ville, qui y tourna le film Lola en 1961.

L'aventure industrielle, du petit-beurre au Lieu Unique

Nantes est une ville riche en histoire mais aussi en aventures industrielles. De la conserverie à la biscuiterie, de l'industrie à la technologie, Nantes s'est ouverte dès le XIXe siècle à toutes les activités novatrices. Héritée de la célèbre fabrique de biscuits Lefevre Utile, qui inventa le fameux petit-beurre, la tour Lu symbolise cet entrepreneur de la révolution industrielle. Ostensiblement colorée et imposante, la tour aux abords du canal Saint-Félix est aujourd'hui devenue un emblème de la ville. Les biscuits sont partis, mais la fabrique a trouvé sa nouvelle vie, réhabilitée par l'architecte Patrick Bouchain : avec le Lieu Unique aux initiales qui rappellent son passé industriel, le bâtiment est devenu un centre d'art contemporain associé à une salle de spectacle, complétée par un bar branché et même un hammam aux confins de plusieurs cultures et de plusieurs mondes, comme le veut la tradition nantaise.

L'île de Nantes, le rêve de Jules Verne

De la longue tradition de construction navale de Nantes qui trouva son apogée au milieu du XXe siècle, il reste les grues Titan situées sur l'île de Nantes, l'activité maritime s'étant depuis déplacée en aval de la Loire, sur les terminaux nantais de Chéviré et de Roche-Maurice. Les grues Titan, qui font désormais partie du décor, sont le témoignage de ce passé portuaire et industriel qui a subi bien des intempéries. Elles entrent dorénavant avec brio dans le cadre de la réhabilitation de l'île en centre moderne de l'agglomération à l'image du palais de justice dessiné par Jean Nouvel, mais aussi de toutes les créations culturelles, sociales et de loisir qui animent ce bout de terre. Avec les machines de l'île, les rêves de Jules Verne, le héros du pays, se sont réalisés. Dans les vastes hangars reconvertis, on découvre un bestiaire imaginaire aux confins de la science-fiction et de la zoologie. Merveille de technicité et d'inventivité, un éléphant mécanique de 45 tonnes et de 12 mètres de haut promène les visiteurs de son pas lourd et ferme en un parcours au cœur de l'île, assurant le spectacle tant pour les passagers du pachyderme mécanique que pour les promeneurs des quais médusés.

Le sillon de Jalbert

Une curiosité géologique

À l'extrême pointe de la presqu'île trégoroise, le sillon de Jalbert est le point d'exclamation d'une Bretagne résolument tournée vers la mer. Cette langue de sable, longue de 3 kilomètres, est une exception géologique rarissime.

Le sillon de Talbert est une étroite flèche de sable et de galets qui s'avance dans la mer sur 3 kilomètres, pour une largeur de 35 mètres. Elle est le résultat de deux courants convergents, celui du Jaudy à l'ouest et celui du Trieux à l'est, ainsi que des fortes houles du nord-ouest. Ce banc de cailloux et de sable, formé au cours des siècles par les courants mêlés des estuaires, est spectaculaire. Cette langue naturelle en forme de chaussée s'est dégradée au fil des décennies à cause du ramassage abusif des galets ; des tentatives d'enrochements ont échoué. Aujourd'hui, lors des grandes marées, le sillon de Talbert disparaît par endroits. Bon nombre de légendes font de ce site un lieu extraordinaire ; l'une d'elles raconte que l'enchanteur Merlin fut le bâtisseur de cette chaussée s'engouffrant vers le large : amoureux de la fée Viviane, il y déversa des cailloux par milliers afin de la rejoindre.

Une zone protégée

Le sillon de Talbert est classé « réserve naturelle régionale » ; à ce titre le conservatoire du littoral, propriétaire du site, joue un rôle important pour la protection des espèces de la flore et de la faune. Les oiseaux marins y ont, en effet, trouvé une zone de nidification idéale. C'est aussi le royaume du chou marin, qui est l'ancêtre du chou cultivé. Le site ne peut se visiter qu'à pied, seuls les tracteurs goémoniers transportant le varech peuvent circuler. C'est l'occasion pour les promeneurs de partir à la rencontre de ces espèces préservées comme la renouée de Ray, un chardon bleu, et le radis marin ; il est donc fortement recommandé de respecter scrupuleusement les chemins balisés. De part et d'autre de cet isthme rocheux, c'est aussi le paradis des pêcheurs à pied, où ils peuvent découvrir la faune aquatique abondante dont regorgent les étendues de sable et de galets : crevettes, étrilles, tourteaux et araignées de mer s'y cachent.

Le canal de Nantes à Brest

L'épine dorsale de la Bretagne intérieure

Si le projet fou d'unir Nantes à Brest par un canal était déjà évoqué par les « États de Bretagne », c'est Napoléon qui mit à exécution ce projet pharaonique en construisant en 1842 une voie d'eau longue de 360 kilomètres et ponctuée de 236 écluses. Aujourd'hui, les chemins de halage de la voie d'eau ont laissé place aux promeneurs et aux sportifs, tandis que le canal est dorénavant le paradis des plaisanciers. Au fil de l'eau, des villes et des paysages traversés, c'est toute la Bretagne intérieure qui se dévoile.

Il y eut durant plusieurs siècles de nombreux projets de construction d'un canal qui relierait Nantes à Brest, la Loire à la rade, sans passer par la mer, mais c'est Napoléon qui commença les travaux en 1804. La reprise des hostilités de l'Angleterre avec le blocus continental poussa Napoléon à trouver de nouvelles voies stratégiques, la construction du canal ouvrant de nouvelles perspectives militaires évidentes. Des travaux titanesques vont être entamés, il s'agit alors d'établir une jonction entre 4 bassins fluviaux (la Loire, la Vilaine, le Blavet et l'Aulne), 8 rivières, 3 biefs de partage des eaux et 236 écluses pour un parcours de 360 kilomètres. La main-d'œuvre fut constituée de prisonniers de guerre espagnols, de soldats déserteurs et de bagnards de Brest ; ils firent même appel à des paysans, des femmes et des enfants des régions traversées. Tous vont s'échiner des années durant, 38 ans exactement, pour mener à son terme cet exploit d'ingénierie. Cet énorme chantier va permettre le franchissement d'un dénivelé de 555 mètres. Les 8 cours d'eau sont canalisés pour alimenter le canal. Eux-mêmes seront aménagés, formant alors de formidables ramifications d'un réseau navigable breton assez surprenant. En 1834, la section de Nantes à Redon est inaugurée ; en 1836, le canal est partiellement ouvert à la navigation ; il sera complètement terminé en 1842.

Le domaine de Kerguéhennec

Une alliance du passé et de l'avenir

Situé au cœur du Morbihan, à quelques kilomètres au nord de Vannes, le domaine de Kerguéhennec est une des plus belles demeures du siècle des Lumières en Bretagne. Le château, ses communs et son parc ont été rachetés en 1972 par le conseil général du Morbihan qui en a fait, au fur et à mesure des années, un lieu d'exposition de sculptures modernes ; c'est aujourd'hui un pôle incontournable de l'art contemporain.

Ce petit « Versailles breton » a été construit en 1710 par Olivier Delourme, l'architecte de l'église Saint-Patern à Vannes. Le domaine a miraculeusement été épargné de la rudesse des Chouans, ce qui permet d'admirer aujourd'hui encore toute sa majesté et son ordonnancement, ainsi le château a été classé Monument historique. La propriété s'étend sur les 175 hectares d'un parc inscrit à l'inventaire. Il a été dessiné autour des bâtiments en 1872 par Denis Bühler, paysagiste parisien alors très réputé. Le conseil général du

Morbihan en a fait un centre d'art contemporain et son parc des sculptures est un lieu à l'aura internationale, des expositions permanentes et temporaires animent cet univers de vie et de rêve.

Un laboratoire de création contemporaine

En 1986, le parc des sculptures a été agrémenté d'un plan d'eau creusé au centre du domaine. À partir de ce symbole du classicisme architectural, une trentaine d'œuvres contemporaines ont été dispersées dans tout le parc. On trouve, parmi les dizaines de sculptures, des œuvres de Pierre Raynaud, Richard Long, François Morellet et Tony Cragg. Le parc des sculptures est un rare spécimen français du genre, il fait partie des plus importants d'Europe. Certaines sculptures ont été réalisées spécialement dans le cadre des résidences d'artistes installées dans le vieux manoir qui permet à des créateurs d'y séjourner pour développer un projet personnel. Le domaine de Kerguéhennec se diversifie aussi dans le domaine musical.

Le canal Saint-Félix, à la source

Les premiers aménagements de l'Erdre pour le rendre navigable datent de 550. C'est Saint-Félix, seizième évêque de Nantes, qui fit creuser le canal portant son nom conduisant alors les eaux de la Loire devant le château jusqu'à la Fosse. En 1825, les travaux de construction de la première écluse du canal de Nantes à Brest commencèrent. La tâche s'avéra ardue, on dut planter 3 000 pilotis dans le sol resté fangeux avant de poser la première pierre en 1828. La dernière et plus grande modification de ce tracé date de 1930. Le lit du bras de la Loire entourant l'île Feydeau est comblé, l'Erdre est alors détourné. Désormais, pour libérer et assainir le centre-ville, l'Erdre va s'engouffrer sous le port Communeau dans le tunnel Saint-Félix pour arriver au canal du même nom. L'écluse maritime Saint-Félix devient l'écluse n° 1 du canal de Nantes à Brest.

Port-Launay, un rêve de plaisancier

Aujourd'hui, les chemins de halage qui longent tout le canal ont laissé place aux pêcheurs, aux promeneurs, aux sportifs et aux plaisanciers. Loin sont les gabares, les chalands et les péniches tractées par des chevaux depuis le halage à l'aide de cordes, place au plaisir de la balade au fil de l'eau au gré des envies voyageuses : les chemins de halage sont dorénavant de beaux circuits de randonnées et d'interprétation du patrimoine. Les écluses n'ouvrent plus que pour les plaisanciers, mais ils retrouvent la trace des mariniers dans les gestes, le rythme, les paysages et les maisons d'éclusiers. C'est une merveilleuse façon de découvrir la Bretagne d'Argoat, cette Bretagne discrète mais aussi envoûtante dès que l'on pénètre ses secrets. De nombreuses croisières sont proposées pour pouvoir traverser ce pays de magie et de mystère, riche en couleurs et en traditions. C'est l'occasion de découvrir quelques trésors historiques et des sites naturels remarquables.

La Bretagne intérieure

Discrète et envoûtante Argoat

L'Armor, « le pays de la mer », et l'Argoat, « le pays des forêts ». Deux Bretagne, deux univers qui tantôt s'attirent et se fondent, tantôt se repoussent. Mais la mer n'est jamais très loin.

Pays des forêts fréquenté jadis par des hordes de loups et des fleuves impétueux, tel le Blavet où l'on y jetait en sacrifice des enfants pour conjurer sa violence, la Bretagne des terres intérieures offre désormais un tableau tranquille, riche en couleurs et en traditions. Bretagne d'eau douce que creusent de nombreuses rivières, Bretagne de champs cultivés, de lacs perdus entre landes et futaies, de bocages et de bois émaillés de sentiers, Bretagne de fontaines bienfaisantes, de châteaux romantiques, d'enclos paroissiaux et de cités de caractère au charme sûr : pour l'appréhender, rien de tel que d'emprunter le canal de Nantes à Brest qui fait la jonction entre l'est et l'ouest de la péninsule ou de suivre ses chemins de halage. En remontant l'Erdre, le tracé s'engage vers Blain et son château fort, la magnifique forêt du Gâvre, Redon et ses maisons à pan de bois.

Pays de légendes et d'espaces préservés

On s'enfonce ensuite vers la forêt de Paimpont, l'antique Brocéliande ensorceleuse, puis vers le pays de Malestroit, à la découverte de ses manoirs et lavoirs. Cap vers Josselin, petit joyau en plein pays Porhoët, puis Pontivy et son sublime patrimoine bâti, le lac de Guerlédan et les gorges sauvages du Daoulas. Après l'ancienne ville fortifiée de Guingamp, le canal rejoint la grandiose vallée de l'Aulne, Cléden-Poher et son bel enclos paroissial. Pour parcourir la Bretagne des hauteurs, celle du Ménez-Hom à l'entrée de la presqu'île de Crozon, et, au nord, celle des monts d'Arrée, on peut faire une halte à Châteaulin sur les rives de l'Aulne. À l'est, la forêt de Huelgoat et ses curieux amoncellements de rochers baignés d'une belle lumière confirmera encore que l'Argoat n'a rien à envier à l'Armor.

Le Faouët

Des chapelles et des hêtres

Au pays des hêtres, Le Faouët révèle un visage tranquille et pittoresque de la Bretagne intérieure dans une nature toujours verte, ciselée par la rivière de l'Ellé.

Dans cette région, au nord-ouest du Morbihan, dans ses vallées et ses bois, le hêtre est partout et confirme l'étymologie bretonne Ar Favet signifiant « lieu planté de hêtres ». Tranquilles et verdoyants, le petit village du Faouët et sa région ne l'ont pas toujours été. Pendant quinze ans, au XVIIIe siècle, ils furent le théâtre des exploits de Marion, la belle rousse, chef d'une bande de voleurs qui terrorisa tout le pays. Plus aucune trace aujourd'hui de cette période trouble, mais de belles découvertes, notamment une enfilade de chapelles. Sainte-Barbe (XIVe siècle), encastrée dans un chaos rocheux à 1 500 mètres du Faouët, surmontée d'une balustrade de pierre, d'un escalier monumental et d'un ossuaire. Et Saint-Fiacre qui abrite une richesse ornementale exceptionnelle : son jubé, véritable dentelle de bois polychrome, l'un des plus anciens et des plus beaux de Bretagne.

Un riche patrimoine architectural

L'un des charmes du pays du Faouët réside dans ses nombreux lieux d'excursions, promesses de belles randonnées, à faire aussi bien en été qu'en automne, où le ciel se pare de mille couleurs : l'abbaye romane de Langonnet, la belle église gothique de La Trinité-Langonnet ou encore la chapelle Saint-Nicolas-de-Priziac qui recèle un jubé datant de la Renaissance, petit chef-d'œuvre d'art naïf.

À voir également dans cette campagne si riche de trésors : l'église de Kernascléden, le plus beau monument gothique du Morbihan ; le château de Pontcallec, à côté ; Saint-Urlo et sa fontaine de dévotion à Lanvénégen, la chapelle Saint-Sébastien en forme de croix latine érigée dans un beau cadre champêtre. Tout un patrimoine immortalisé par les peintres, nombreux à séjourner ou à s'installer au Faouët.

Les montagnes Noires

Mélancoliques et rustiques collines

Bretagne profonde chargée d'histoire religieuse et de légendes, de landes, de forêts et de coins sauvages : les montagnes Noires attirent ceux qui souhaitent s'écarter du touristique littoral.

Leur nom, un peu mystérieux, ne fait pas référence à une légende dont la Bretagne aime se repaître. Il doit probablement provenir des forêts qui les recouvraient autrefois, ou alors à la couleur des roches locales, ardoise, quartz, grès et granit.

À cheval sur les départements du Morbihan et du Finistère, les montagnes Noires, ces collines devrait-on dire, mais en Basse-Bretagne le moindre mont est un ménez (« montagne »), s'étirent sur une soixantaine de kilomètres au sud de Carhaix-Plouguer, au cœur de la Bretagne sud. Le relief, nettement moins accidenté et haut que celui des monts d'Arrée, est traversé par la romantique vallée de l'Aulne. Le promeneur, en quête de sérénité, y apprécie ses sentiers ombragés, aux détours desquels se révèlent de jolis points de vue sur les collines boisées.

De Gourin aux États-Unis

On y apprécie les pauses au pied des calvaires ou dans de discrètes chapelles, parfois cerclées de beaux enclos paroissiaux, tels ceux de Cléden-Poher ou encore ceux de Saint-Hernin.
À Gourin, « capitale » des montagnes Noires, la réplique de la statue de la Liberté témoigne de l'exode de sa population vers le continent américain à la fin du XIXe siècle, période de déclin économique en France. La plupart des Bretons émigrés aux États-Unis, dit-on, viennent de la région de Gourin.
Depuis le roc de Toullaëron, le point culminant (situé à 318 mètres exactement), on découvre le bocage de Châteaulin, les monts d'Arrée tandis que, vers le sud, le plateau breton s'incline vers l'Atlantique. Au Rock' an Ankou, un rocher posé en équilibre sur un piton rocheux, un vaste panorama embrasse les espaces boisés empreints de mélancolie, de mort et de mystère. On y entend parfois le grincement de la charrette de l'Ankou, le serviteur de la mort…

Guerlesquin
Trésors d'architecture et nature préservée en Trégor

Petite cité de caractère aux portes des monts d'Arrée, à la frontière du Finistère et des Côtes-d'Armor, Guerlesquin semble tout droit sortie du granit. Une pause s'y impose.

Dans le parc naturel régional d'Armorique, à proximité de Morlaix, Guerlesquin et son riche patrimoine témoignent fort bien de ce que pouvait être jadis un village breton. La commune s'articule comme une ville-place, enchaînant la place de la Liberté, celle du Martray et celle du Champ-de-Bataille où se concentrent, depuis des siècles, les activités commerciales. Guerlesquin a toujours su tirer profit de sa vocation de lieu de foires et de marchés. C'est ici, par exemple, que se déroule chaque semaine le plus grand marché aux enchères publiques de bovins en France.

Au cœur de la vieille ville, l'imposant présidial, ou « prison », érigé en 1640, est une construction carrée, flanquée aux angles de quatre tourelles. De part et d'autre d'une rue principale très large s'ordonnent des maisons au bel appareillage de granit conférant une parfaite homogénéité architecturale à cette petite cité.

Le charme sans faille des vieilles pierres

Au fil des siècles, la présence d'une importante corporation de tailleurs de pierre a permis ces nombreuses constructions harmonieuses. On remarquera notamment la maison de la Tourelle face aux halles, ainsi que la maison de Ker Aman aux huisseries originales, ou encore celle du Cosquer. On ne manquera pas la belle maison du sénéchal aux lucarnes d'époque Renaissance qui trône face à la place du Martray ou encore cette ancienne demeure de 1787 qui compte au total 27 ouvertures ! L'église, dédiée à saint Thénénan, arbore un joli clocher à balustrade flamboyante. De Guerlesquin, on peut facilement rayonner dans toute la région et s'immerger dans la nature sauvage des monts d'Arrée, la baie de Morlaix et découvrir, en campagne, d'autres trésors du patrimoine : chapelles, fontaines, calvaires, menhirs…

Châteaubriant

Halte paisible sur les marches de Bretagne

**Au cœur d'une région boisée et émaillée d'étangs, la petite ville de Châteaubriant abrite un grand château et une coquette cité médiévale.
Une jolie halte à l'écart des grands circuits touristiques.**

La ville n'a rien à voir avec l'écrivain Chateaubriand, mais mérite le détour. Située dans les anciennes marches de Bretagne, théâtre de nombreuses guerres et échanges entre le royaume de France et le duché de Bretagne au Moyen Âge, elle recèle un magnifique château du XIe siècle. Aujourd'hui, après moult remaniements et agrandissements, il exhibe une belle architecture conjuguant ruines, donjon féodal et façades blanches des ailes Renaissance. On peut visiter l'escalier d'honneur avec ses voûtes à caisson, les arcades où se conjuguent les couleurs de la brique et du schiste, la salle des gardes, ainsi que la chambre dorée du XVIIe siècle ornée d'une monumentale cheminée en bois sculpté.

Et au milieu coule la Chère

En contrebas serpente la petite rivière de la Chère, ourlée de parcs aménagés, tandis que s'étend le centre-ville parsemé de colombages, d'encorbellements, de venelles et autres poternes du Moyen Âge. Les vestiges des fortifications sont visibles autour de l'ancienne porte Saint-Jean, au fond de la pittoresque rue de Couëré, bordée par l'une des plus belles maisons de la ville, la maison de l'Ange. C'est dans cette demeure que la mère de Victor Hugo rencontra son mari.

Au nord-ouest, sur une colline, se dresse le quartier de Béré, dont l'église, dédiée à saint Jean-Baptiste mérite vraiment la visite. Il s'agit d'une des plus anciennes églises romanes de Loire-Atlantique. Classée monument historique, elle regorge de petits trésors artistiques et architecturaux, dont une vaste nef romane du XIe siècle, au plafond en berceau de bois, et un ravissant petit porche du XVe siècle. Une jolie petite ville aux mille facettes à découvrir hors saison.

Cathédrales et églises

La Bretagne pieuse

La Bretagne est fortement marquée par ses édifices religieux qui parsèment son territoire. De toutes les époques, de toutes les factures, églises, cathédrales, mais aussi basiliques, monastères ou cloîtres témoignent de l'attachement de la région à ses monuments religieux.

Située en plein cœur de Rennes, rue de la Monnaie, la cathédrale Saint-Pierre fait partie des constructions plus contemporaines de la ville puisqu'elle date du XIXe siècle et qu'elle est de pur style néoclassique. Ses deux immenses tours qui enserrent la façade sont sans doute ce qui la caractérise le plus, mais ce sont aussi les seuls vestiges de l'ancien monument qui, en lieu et place de Saint-Pierre, s'est écroulé au XVIIIe siècle. Représentant la superposition des ordres, sa façade rend aussi hommage au Roi-Soleil, puisque c'est son emblème qui est ici représenté de façon centrale. La certaine rudesse des lignes est largement adoucie par les larges ouvertures et le monument, s'il n'a pas la finesse que l'on rencontre dans les constructions gothiques, n'en garde pas moins une certaine légèreté. À l'intérieur (la cathédrale est ouverte au public en dehors des offices), le visiteur pourra admirer un magnifique retable gothique du XVe siècle en bois doré, digne

représentation de la Vierge à laquelle il est dédié, alors que l'impressionnant décor néogothique pourra surprendre par sa richesse.
Au final, la cathédrale Saint-Pierre de Rennes est un monument exceptionnel qui réserve quelques surprises agréables aux visiteurs. Elle est en outre classée Monument historique depuis 1906.

Sainte-Anne d'Auray, sanctuaire et pèlerinage

Sainte-Anne d'Auray pourrait être une petite commune du Morbihan comme il en existe tant d'autres. Sauf que c'est ici que serait apparue la grand-mère maternelle de Jésus-Christ. Depuis, son église et plus précisément son sanctuaire est un lieu de pèlerinage et de rencontres qui rassemble des milliers de personnes tous les ans à l'occasion du « pardon de sainte Anne ». Jean-Paul II lui-même y a fait escale en pèlerinage en 1996 (suivi par une foule de 150 000 pèlerins) et le nombre de fidèles ne cesse de croître d'année en année. C'est d'ailleurs pour accueillir ce flot toujours plus important que la basilique a dû être agrandie et reconstruite au XIXe siècle car la chapelle alors existante ne suffisait plus. Une imposante porte en bronze ouvre la basilique qui conduit à la nef qui abrite l'autel, au tabernacle (qui prend place sur l'autel majeur) et à plusieurs statues dédiées aux quatre Évangélistes. Largement réservé aux pèlerins et aux pratiquants, le lieu peut quand même posséder quelques intérêts architecturaux et culturels pour les visiteurs lambda d'autant que le sanctuaire et la basilique occupent une place prépondérante dans cette petite commune située à quelques kilomètres de Carnac.

Guimiliau, enclos et calvaire

Le site est tout simplement remarquable. D'ailleurs la petite commune des environs de Morlaix qui l'abrite sait pertinemment qu'elle doit sa notoriété à ce magnifique enclos paroissial. Il date du XVIe siècle et comme son nom l'indique a été édifié en hommage à Miliau, alors roi de Cornouailles (« gui » venant du breton « bourg »). Porche, église et calvaire, l'ensemble de l'enclos forme un tout cohérent et finalement assez proche de ce que l'on trouve ailleurs en Bretagne. Mais il est surtout remarquable par la richesse de ses décorations et l'extraordinaire complexité de ses statues, ornements et sculptures. Difficile de trouver ici un centimètre carré qui n'aura pas été décoré ou travaillé. Le porche qui signifie l'entrée de l'enclos est à lui seul un petit monument, surplombé d'une statue de Miliau. L'intérieur de l'église n'est pas en reste avec ses allées voûtées comportant moultes effigies et autres statues. Jetez aussi un coup d'œil à l'autel central néo-gothique. Ne manquez pas non plus le retable de la Passion qui occupe toute une partie de l'édifice et dont la richesse du bois sculpté n'a d'égale que la finesse de la réalisation. À l'extérieur, le calvaire du VIe siècle comporte plus de 200 personnages. Une prouesse technique au service de la transmission, puisque le calvaire retrace la vie de Jésus-Christ.

Saint-Tugdual à Tréguier, une cathédrale gothique

Dédiée à saint André, la cathédrale Saint-Tugdual de Tréguier est un monument qui réunit plusieurs styles architecturaux. Normal, car sa construction s'est étalée sur plusieurs siècles et de nombreuses parties ont été ajoutées au fil du temps. Les clochers (il y en a trois) datent des XIe et XIIIe siècles. Un des clochers est un pur produit de l'architecture romane, l'autre rend hommage au gothique alors que la flèche du troisième a été reconstruite au XIXe siècle. Le clocher du diable qui date de 1785 est totalement réalisé en granit avec une pierre ajourée représentant des cartes à jouer (pique, carreau, cœur et trèfle). Étonnant non ? La petite histoire dit que cette fantaisie est due au financement du roi qui aurait pris les deniers sur les jeux de loterie. La nef qui possède des parties héritées des XIVe et XVe siècles a dû être construite en plusieurs fois, des guerres ayant interrompu les travaux. Bien qu'entièrement réalisée en granit, schiste et calcaire, il en résulte quelques différences architecturales significatives, visibles surtout pour l'œil expert. Mais c'est peut-être aussi ce qui fait le charme d'un lieu ainsi chargé d'histoire. À l'intérieur de la cathédrale, place à la décoration gothique : les fresques, le retable, l'orgue somptueux et les vitraux dont certains sont très récents, confèrent à cette cathédrale un intérêt indéniable. Le cloître enfin, avec sa voûte en bois datant du XVe siècle, s'inscrit dans la continuité de la cathédrale.

Le Pays bigouden

La Bretagne à l'état pur

C'est un minuscule pays dans le pays. Le Pays bigouden, délimité par l'Odet à l'est, la plus belle rivière de France, et la côte à l'ouest, est un incontournable dans le sud de la Bretagne.

Elles sont vingt. Vingt communes à cohabiter sur ce petit territoire de quelques kilomètres carrés. Chacune avec ses spécificités mais toutes avec ce même cachet, cette même âme… celle du Pays bigouden, le seul, l'unique. Dans la Cornouaille française, le Pays bigouden est un morceau de terre à part, avec ses traditions mais aussi avec un patrimoine, une architecture et un environnement de choix. Chacun à son niveau, les villages du Pays bigouden participent à cet environnement et entretiennent une culture et un savoir-faire. De Plozévet au nord à Lesconil ou Le Guilvinec à l'extrême sud, en passant par les communes les plus importantes que sont Pouldreuzic, Plonéour-Lanvern et Pont-l'Abbé, chaque entité de cet espace vaut le déplacement, que ce soit pour son architecture bretonne, son patrimoine (le manoir de Kerazan à Loctudy, la chapelle de Lanvern à Plonéour-Lanvern, le menhir de la Pommeraie à Peumerit… pour n'en citer que quelques-uns) ou ses activités portuaires (au Guilvinec ou à Saint-Guénolé par exemple). Quels que soient ses atouts et sa position géographique, chaque commune du Pays bigouden porte sa culture comme une fierté, un fer de lance d'un savoir-vivre véhiculé depuis des siècles. Des communes qui se font fortes également de préserver un environnement naturel qui mérite toute leur attention. Que ce soit le littoral avec ses falaises escarpées qui se découpent sur fond de mer, ses longues plages de sable fin ou encore la campagne verdoyante et fleurie, le Pays bigouden sait indiscutablement marier la pierre avec la terre. Des villages au service d'une nature qui le leur rend bien.

Eckmühl, un phare à part

Avec ses 60 m de haut, le phare d'Eckmühl domine la mer tout au sud du Pays bigouden sur la commune de Penmarch. Une bâtisse monumentale qui fait de ce phare l'un des plus imposants de tout le Finistère. Mais ce n'est pas là sa seule particularité. Construit à la fin du XIXe siècle tout à côté de l'ancien phare (le phare de Penmarch) haut de seulement 40 m et trop court pour assurer réellement la sécurité des côtes, connues pour héberger de nombreux récifs, le phare d'Eckmühl a bénéficié d'un financement particulier. C'est en effet une veuve, marquise de son état, qui fit don à sa mort d'une très belle somme (300 000 francs) pour la construction d'un phare. Don qui était assorti d'une seule condition, que ledit phare porte le nom de son père, le maréchal Eckmühl, lequel s'était illustré dans les troupes napoléoniennes. Voilà qui explique son nom peu bretonnant ! D'un point de vue purement architectural, le phare là aussi se distingue puisqu'il est entièrement réalisé en granit de Kersanton, acheminé expressément de carrières près de Brest. Quant à la vue qu'il offre à son sommet, elle est époustouflante… reste qu'il faut quand même gravir les 304 marches qui le composent pour en profiter.

Des coiffes et des costumes

Les costumes sont sans doute l'une des représentations les plus typiques du Pays bigouden. Mais dans ces costumes, ce que l'on retient surtout, c'est la fameuse bigoudène, cette coiffe très haute (elle a pu atteindre jusqu'à 36 cm) et couverte de dentelle que portaient les femmes au cours des siècles derniers et qu'une poignée de femmes arborent encore aujourd'hui (notez que c'est le seul endroit de Bretagne où le port de la coiffe, même s'il est minime, perdure). Quelle est l'origine de cette coiffe ? La petite histoire veut que les femmes l'arboraient pour protester contre une sanction du roi Louis XIV, qui avait fait enlever les flèches des églises suite à des émeutes. Mais la coiffe, tout comme l'ensemble des costumes d'ailleurs, était aussi soumise aux modes.

Le calvaire de Tronoën

Un monument exceptionnel

La Bretagne regorge de calvaires, ces statues figurant la crucifixion de Jésus-Christ. Mais le calvaire de Tronoën est sans conteste le plus surprenant, le plus particulier. Une petite visite sur ce site d'exception s'impose.

Le calvaire de Tronoën vaut à lui seul le détour, si détour il doit y avoir. Mais il trône de plus sur un site qui lui aussi jouit d'une situation fort enviable. En plein cœur du Pays bigouden, dans le petit pays de Saint-Jean-Trolimon, petite commune de moins de 1000 habitants à l'année idéalement située entre terre et mer, le site de Tronoën est à la fois un vestige culturel et historique d'une richesse indiscutable mais c'est aussi un lieu d'une beauté incroyable avec des points de vue sur toute la baie d'Audierne et un panorama exceptionnel. Le calvaire de Tronoën n'est pas le seul « invité » du lieu, il n'est en fait que le compagnon d'une chapelle datant du XVe siècle et reconnaissable par son clocher à trois flèches. Datant de la même époque, du milieu du XVe siècle plus précisément, le calvaire est le plus ancien de toute la Bretagne, dans sa catégorie ! C'est-à-dire les « grands calvaires », car le monument est imposant, monté sur un soubassement de plus de 4 m sur 3. S'il est entièrement réalisé en granit, des différences de matériaux notamment au niveau des statuaires témoignent de réalisations plurielles, provenant certainement de différents ateliers ou artisans. Exposé aux vents et à l'érosion qui l'avaient pas mal endommagé, le calvaire a été partiellement restauré à la fin des années 1990, début 2000, ce qui fait que l'on peut aujourd'hui admirer avec précision la fresque qui orne l'édifice. L'ensemble des sculptures mettent en scène la vie de Jésus. La lecture se fait d'est – sa naissance – en ouest – la crucifixion qui se trouve sur la frise supérieure – avec notamment une représentation très particulière de la Vierge Marie allongée et les seins nus venant d'enfanter. Des figures comme la cène avec les apôtres, le baptême ou le chemin de croix (avec les deux larrons derrière) font aussi partie du monument.

Rochefort-en-Terre

Petite cité pittoresque

Créé en 1975 pour valoriser le patrimoine de certaines communes dotées d'un bâti architectural de qualité, le label des Petites cités de caractère met à l'honneur une vingtaine d'agglomérations de l'espace rural breton. Cette nouvelle carte touristique permet de découvrir d'étonnantes villes dotées d'un patrimoine urbain de premier ordre, en phase avec son histoire et ses activités passées. Voici notre sélection.

Nichée sur un éperon rocheux, cette ville est aussi l'une des plus petites (avec seulement 121 hectares). Quelques centaines de maisons à pans de bois côtoient les bâtiments de style gothique et les hôtels classiques. Au gré des rues et des volées d'escaliers, alternent somptueux logis et vastes panoramas. La collégiale Notre-Dame-de-la-Tronchaye, édifiée au VIIe siècle, ajoute une touche supplémentaire au charme de Rochefort-en-Terre. En parcourant la Grande-Rue, les demeures aux façades de schiste, de granit, et aux encorbellements de pierres témoignent de la richesse du passé.

La Gacilly
Cité des métiers d'art

Au creux de la vallée de l'Aff, La Gacilly conserve un intéressant patrimoine bâti dans lequel le dynamisme actuel est incarné par des artisans et un grand nom de la cosmétique.

Au fil des siècles, La Gacilly a hérité d'un riche patrimoine historique avec lequel les hommes ont façonné leur ville. La cité est née sur un sol accidenté, ses rues, ruelles et venelles étaient alors fort nombreuses. Pour se remémorer ce temps, il suffit de flâner dans la venelle du Lihoué et les autres ruelles encore existantes pour se plonger dans cette atmosphère. L'église de style néogrec du XIXe siècle peut surprendre au milieu des pierres rurales, mais l'esprit demeure. Les maisons, le pont, le déversoir sont autant d'atouts à cette ville fleurie.

Une ville des savoir-faire

Dans les ruelles aux couleurs végétales, une trentaine d'artisans ont trouvé à La Gacilly leur terre d'élection. Au gré de la promenade, les ateliers de créateurs ouvrent leurs portes aux visiteurs. Ils réalisent sous vos yeux des objets artisanaux personnalisés de grande qualité. Un circuit des artisans permet de n'en oublier aucun. Ce village est dédié à l'art et à la beauté. C'est ici que s'élaborent les produits de beauté Yves Rocher, natif de La Gacilly. Le site industriel est implanté dans la commune et des visites guidées y sont organisées. Ce sera aussi l'occasion d'explorer tout près le jardin botanique, riche de plus de 1 000 espèces classées en fonction de leurs utilisations et de partir à la découverte du Végétarium, le premier musée en Europe entièrement consacré au monde végétal.

Rennes

La Bretagne en capitale

Entre classicisme ordonné et charme moyenâgeux, Rennes trouve dans son dynamisme universitaire et son art de vivre un équilibre parfait que d'autres villes lui envient. De la cité active et prospère du Moyen Âge à la technopole européenne de renom d'aujourd'hui, Rennes déploie ses charmes au gré des places, des terrasses et des infrastructures performantes.

Depuis sa fondation vers le IIIe siècle après J.-C., Rennes est une ville importante dont l'activité n'a cessé de croître. Chacune des époques y a apposé sa marque. La diversité des grands ensembles intra-muros d'hier ou périphériques d'aujourd'hui s'inscrit dans la continuité architecturale qui caractérise Rennes. Les rues moyenâgeuses ornées de maisons à pans de bois qui encerclent la cathédrale Saint-Pierre sont les vestiges d'une richesse passée. Les témoignages bâtis de l'évolution de la ville sont nombreux. La large muraille romaine qui marquait les limites de la ville ceignait une vie bouillonnante. La bourgade était bordée de maisons à pans de bois et de torchis. Les couleurs des colombages répondaient à la vivacité de la ville. Auberges et tavernes occupaient les rez-de-chaussée, au XIVe siècle, alors que le chevalier Bertrand du Guesclin venait défier la noblesse de la ville, place des Lices, l'essor de la ville se poursuivait. À partir de 1532, lors du rattachement de la Bretagne à la France, Rennes prend son envol. Elle devient la garante des institutions et le siège administratif de la province. Une nouvelle enceinte est édifiée, les portes Mordelaises sont les derniers vestiges de l'entrée principale de la ville au XVe siècle. Les ducs de Bretagne y passaient pour se faire couronner à la cathédrale. La place Sainte-Anne est un joyau de style gothique et Renaissance, et les maisons du XVIIe siècle de la place du Champ-Jacquet forment un tableau cubiste. Les maisons des XVe et XVIe siècles et les hôtels particuliers du XVIIe siècle abondent dans la vieille ville de Rennes. Les yeux au vent, c'est un bonheur que ce mélange des matières, des couleurs, des colombages et des étages à encorbellement qui sont particulièrement bien restaurés.

La place des Lices

La place des Lices tire son nom des joutes et tournois qui s'y déroulaient au Moyen Âge. C'est ici que le jeune du Guesclin a rompu ses premières lances. Au XVIIe siècle, les parlementaires s'y firent construire de vastes hôtels particuliers qui voisinent avec des maisons à pans de bois de belle facture. Mais pour les Rennais, la place des Lices est avant tout le rendez-vous immanquable du mardi et samedi matin, jours de marché. C'est le troisième marché de France pour sa fréquentation : marchands forains, traiteurs, primeurs et poissonniers se partagent cette place d'exception, et deux halles inspirées de Baltard couvrent les métiers de bouche. Entre deux passages dans les halles, la dégustation d'une galette saucisse est un grand moment à partager. Autour, les terrasses des cafés qui occupent les pas-de-porte des hautes maisons moyenâgeuses débordent de convivialité et de bonne humeur.

1720, le premier grand incendie de Rennes

En décembre 1720, un terrible incendie, qui dura une semaine entière, détruisit la quasi-totalité de la ville aux maisons essentiellement construites en bois et torchis, entassées les unes près des autres. Rennes a gardé jusqu'en ce début de XVIIIe siècle son profil moyenâgeux, avec ses maisons et ses frontières murées trop exiguës pour une population et une activité en pleine croissance. Tout va alors radicalement changer. Un énorme plan de reconstruction va bouleverser la face de Rennes. L'incendie ampute la ville de trois rues et quelque neuf cents maisons à pans de bois. Des plans de l'architecte Jacques Gabriel va naître une nouvelle architecture en pierre de taille, briques et toits « à la Mansart », tracée en damier et en larges perspectives aérées. Le contraste entre l'îlot médiéval qui résista à l'incendie et le style classique plus froid y est plus que saisissant.

Le Thabor, le poumon vert de Rennes

Implanté sur l'ancien jardin monastique des bénédictins de l'abbaye Saint-Melaine, le jardin du Thabor offre aux Rennais un havre de paix et de repos au cœur de la cité. Ouvert au public dès le XVIIIe siècle, ce n'est qu'au XIXe siècle qu'il va prendre sa forme actuelle. L'architecte paysagiste Denis Bühler va créer, au gré des vallonnements naturels du sol, un espace qui marie le parc à l'anglaise et le jardin à la française. Sur une superficie de dix hectares, les grottes et les cascades recréant la nature se succèdent, et une volière et une roseraie ponctuent les arbres remarquables. Des serres et un kiosque à musique agrémentent ce parc botanique où les parterres floraux varient au fil des saisons.

L'hôtel de Ville, un air classique

Au bout de belles rues rectilignes bordées de maisons de granit, un nouveau paysage urbain va émerger autour de deux places royales. L'une célèbre Louis XIV, devant le parlement de Bretagne, et l'autre Louis XV, sur la place de l'Hôtel-de-Ville. La place du Parlement-de-Bretagne caractérise bien la reconstruction après l'incendie de 1720. Elle foisonne de beaux immeubles sur le modèle du palais. La place de l'Hôtel-de-Ville constitue le noyau central du quartier classique. L'hôtel de ville a été construit de 1734 à 1743. Une tour centrale portant une horloge, « le Gros » pour les Rennais, réunit deux pavillons. Face à lui, le théâtre construit en 1832 s'entoure d'immeubles à galeries. Le remodelage de la ville se poursuit au XIXe siècle avec la canalisation de la Vilaine, la construction de la gare et l'apparition de nouveaux quartiers résidentiels. Pour compléter la perspective à la fois aérée et solennelle de la place de l'Hôtel-de-Ville, le XXe siècle apportera sa touche en édifiant le palais du Commerce surmonté de son dôme.

1994, le deuxième grand incendie de Rennes

C'est le parlement de Bretagne qui fut ravagé par le deuxième grand incendie en cette nuit de février 1994. Ce nouveau cataclysme réveille les mémoires, mais aussi l'amour des Rennais pour leur ville. Quand, en 1661, le Parlement s'installe à Rennes, le roi Henri II incite les nobles à se faire édifier un palais. Le parlement de Bretagne est un des plus beaux exemples d'architecture du XVIIe siècle avec sa façade à la polychromie reconnaissable, le granit au rez-de-chaussée et le tuffeau à l'étage. Mais le décor intérieur est aussi remarquable. L'incendie de février 1994 va embraser la toiture et brûler les charpentes et la voûte de la salle des pas perdus du XVIIe siècle. Après une restauration à l'identique, la cour d'appel s'y réinstallera en octobre 1999.

Bois d'Amour, chapelle de Trémalo

À la source de l'inspiration

À deux pas du centre-ville de Pont-Aven, le lit de la rivière plonge dans une nature généreuse et romantique, idéale pour l'inspiration amoureuse. De nombreux peintres y sont venus en pélerinage.

Un sentier de randonnée permet de longer les rives de l'Aven, d'admirer les arbres se mirant dans le flux de la rivière. Ce paysage enchanteur a inspiré les peintres qui ont trouvé ici la lumière originelle, celle qui transperce les cimes des arbres pour venir jusque sur leur palette. Les artistes avaient choisi cette promenade en bordure de rivière pour des raisons artistiques. C'est là que Paul Gauguin donna des leçons de peinture à Paul Sérusier. Dans les hauteurs du bois, une large allée est bordée de hêtres et de chênes qui forment une haie d'honneur à la chapelle de Trémalo du XVIe siècle. Elle abrite un christ en bois polychrome du XVIIe siècle. Paul Gauguin l'a rendu célèbre en le représentant dans son tableau Le Christ jaune.

Saint-Thégonnec

Une paroisse monumentale

Sur la route des enclos qui mène de Morlaix à Landernau, l'ensemble monumental de Saint-Thégonnec témoigne de la richesse économique et sociale de la paroisse toilière.

La paroisse de Saint-Thégonnec était l'une des plus riches du Léon. Les largesses de son aristocratie paysanne lui ont permis des fastes somptuaires dans l'édification de leur enclos paroissial qui s'est étendue sur deux siècles. L'enclos de Saint-Thégonnec est un magnifique ensemble Renaissance des XVIe et XVIIe siècles. La porte Triomphale est monumentale, faite de forts piliers couronnés de volutes amorties de doubles lanternons. Elle a été achevée en 1587. Derrière, le calvaire dit à « socle historié » est remarquable par la qualité des scènes sculptées qui le composent. Il est intéressant de s'attarder sur ces dernières pour y découvrir toutes les expressions de vie traduites par l'artiste sculpteur. Dans une niche s'abrite une statue de saint Thégonnec, avec le loup qu'il attela à sa charrette pour remplacer son âne, dévoré par ses congénères. L'ossuaire de l'enclos date de 1676-1682. Il est sans conteste le plus beau et le plus volumineux de toutes les chapelles funéraires. L'ensemble est réparti symétriquement de chaque côté d'une porte centrale. Dans la crypte se trouve une très belle mise au tombeau sculptée en bois de chêne. Après un incendie qui avait ravagé une partie de l'église en 1998, d'importants travaux de restauration ont permis à l'édifice de renouer avec son histoire et ses chefs-d'œuvre. À l'intérieur, la chaire est l'un des chefs-d'œuvre de la sculpture bretonne. Des boiseries des XVIIe et XVIIIe siècles, dont celles du retable du Rosaire, recouvrent une partie de l'église.

Plougastel-Daoulas
Un calvaire dans la presqu'île

Ce bout de terre déchiré, célèbre pour la culture de la fraise de Plougastel, possède le plus important calvaire de Bretagne. Dans un décor idéal, le calvaire solennel et grave s'élance vers le ciel.

Érigé de 1602 à 1604, le calvaire de Plougastel-Daoulas est le plus important de Bretagne avec ceux de Pleyben et Guimiliau. Là aussi, le calvaire est le reflet de la prospérité de la paroisse entre le XVe et le XVIIe siècle. Contrairement aux enclos paroissiaux traditionnels qui présentent d'autres éléments tels que l'ossuaire et la porte, ce calvaire se trouve seul au pied de l'église. Il ne compte cependant pas moins de 180 personnages sculptés qui donnent vie à l'ensemble. Le monument est massif, octogonal. Il est flanqué aux angles de quatre éperons obliques percés chacun d'une baie cintrée et ornés, sur leur face extérieure, de la statue de l'un des évangélistes au travail.

Commana

Des trésors isolés

En haut de sa butte naturelle, Commana cache de remarquables trésors artistiques, un bel ensemble paroissial dont l'église en est le bijou. Il suffit de pousser la porte...

La porte monumentale de l'enclos paroissial est surmontée de trois lanternons. Elle donne accès au cimetière, décoré par deux croix anciennes. La chapelle ossuaire de 1687 présente des rampants décorés de motifs classiques mais aussi des gargouilles de style gothique. L'église du XVIIe siècle s'ouvre au sud par un porche de la Renaissance bretonne. Il suit cette grande tradition ornementale avec l'arcade ornée d'une feuille d'acanthe et des colonnes à tambours cannelées. Cette ouverture s'inscrit entre deux hautes colonnes corinthiennes. Il possède douze niches des apôtres aux dais ouvragés et un bénitier sculpté dans la pierre. À l'intérieur, le retable de Sainte-Anne, daté de 1682, et le retable des Cinq Plaies sont remarquables. Des sculptures peintes et dorées démontrent un grand sens théâtral. Tous deux sont témoins de cet art qui, en Bretagne, a trouvé son plein épanouissement au XVIIe siècle.

La Roche-Maurice

Une perle de la Renaissance

Les ruines du château fort du XIIe siècle dominent le village de la Roche-Maurice, accroché à son coteau rocheux. Le bourg a conservé un bel ensemble paroissial, dont un ossuaire, l'un des plus importants de Bretagne.

À un angle de l'ossuaire, une représentation de l'Ankou, figuration de la mort, interpelle sans vergogne les vivants avec l'inscription « Je vous tue tous » gravée dans la pierre. Armée d'une flèche, la Mort mène la danse. Aux arcades et aux niches de l'ossuaire, construit en 1640, se greffent des colonnes cannelées et des chapiteaux typiques de la Renaissance. Le porche sud de l'église du XVIe siècle est finement sculpté de grappes de raisins et de statuettes de saints. À l'intérieur, les couleurs surprennent par leur vivacité. La polychromie du jubé, des sablières, des statues et des lambris forme une composition colorée et pleine de vie. La surcharge du décor de la Renaissance s'ajoute au style naïf de la sculpture. Le chœur est lui aussi éclaboussé de lumière par le monumental vitrail de 1539.

Pleyben
Le fleuron de l'art breton

L'enclos paroissial de Pleyben, bâti entre le XVe et le XVIIe siècle est considéré comme l'un des plus beaux ensembles architecturaux du Finistère. Parmi ses trésors, l'un des plus vieux ossuaires de Bretagne.

L'enclos paroissial de Pleyben est aussi l'un des plus importants avec l'ossuaire, le calvaire près de l'église avec ses deux clochers et sa sacristie. La porte monumentale est constituée d'une arcade unique et d'un fronton courbe creusé d'une niche abritant une pietà. L'ossuaire de 1550 est l'un des plus anciens de Bretagne. Sa façade est percée d'une porte encadrée, de chaque côté, de trois arcades géminées. Il abrite aujourd'hui un petit musée breton, mais, au XIXe siècle, il a servi d'école primaire et de bureau de poste. Le calvaire date de 1555. Une trentaine de scènes sont réparties sur les côtés et la plate-forme. Juché sur quatre piliers à contreforts, il s'impose dans ses dimensions et sa force expressive du souci du détail. Le calvaire se lit de bas en haut et dans le sens inverse des aiguilles d'une montre.

La Martyre

Vérité des lieux

Au milieu des landes, des pierres, du silence et du temps, l'enclos de La Martyre est le plus ancien du Léon. La construction s'est échelonnée, pour l'essentiel, du xie au XVIIe siècle.

Le portail du début du XVIe siècle cumule la fonction de porte triomphale avec celle de socle du calvaire et celle de coursière entre les maisons en bordure de rue. Cet arc de triomphe de style gothique flamboyant présente la particularité d'être surmonté d'un chemin de ronde d'où l'on pouvait surveiller la foule les jours de foire. La galerie flamboyante mène au calvaire du XVIe siècle. L'ossuaire, tout en sobriété et en équilibre, est daté de 1619 et il est conçu comme une chapelle autonome. À ses côtés, l'église, édifiée du XIVe au XVIe siècle, possède un porche historié aux environs de 1450. Il présente des vestiges de fresques du XVIIe siècle sous sa voûte. Un bénitier Renaissance de 1601 est dominé par l'Ankou, personnification de la mort dans la Bretagne d'autrefois.

Lampaul-Guimiliau

Aux limites du Léon

Entre les terres verdoyantes du Léon et les monts d'Arrée plus sauvages, Lampaul-Guimiliau offre une des compositions monumentales les plus complètes de l'art religieux breton.

Dans le placître bien restauré, la porte triomphale en plein cintre est surmontée de trois croix. L'ossuaire, ou chapelle reliquaire de 1667, est de forme rectangulaire avec un chevet à noues multiples. À l'intérieur se trouve un retable polychrome de la fin du XVIIe siècle à colonnes torses, dédié à la sainte Trinité. Le calvaire porté par un socle octogonal, plus ancien, date du début du XVIe siècle et possède lui aussi trois croix. Si la porte triomphale et le calvaire sont simples, en revanche, l'intérieur de l'église de style gothique et classique impressionne. La nef au plafond bleu est semblable à une coque de navire renversée. Elle est traversée par une poutre de gloire du XVIe siècle polychrome, richement décorée, et des retables latéraux présentent aussi un extraordinaire travail du XVIIe siècle. À l'extérieur, la flèche de la tour clocher de l'église a été abattue par la foudre en 1809 et est toujours restée en l'état.

Balade le long de la Rance

Chassé croisé

La Rance mesure à peine plus de 100 km. Mais elle est ponctuée de très beaux points de chute. Revue de détails.

Entre fleuve et mer, Dinard affiche fièrement son style bourgeois chic très xixe siècle. C'est que la cité, à la fin du xixe, a connu une croissance immobilière qui l'a marquée en son sein. Auparavant petite ville de pêcheurs plutôt tranquille et moyenne, Dinard est devenue la mascotte des Anglais et des citadins fortunés, alors que le tourisme balnéaire était en plein développement. Considérée comme la première station balnéaire de France, toute l'aristocratie européenne s'y retrouvait pour y passer quelques semaines en villégiature pendant la belle saison. De cette époque, Dinard a gardé une élégance certaine ponctuée de jetées entretenues, de plages agréables, de petits jardins fleuris et de superbes villas cossues (407 de ces villas sont classées) qui jalonnent tout le bord de mer. Aujourd'hui entièrement tournée vers le tourisme balnéaire, Dinard labellisée Ville d'art et d'histoire entretient scrupuleusement ce patrimoine et ce côté Belle Époque qui lui est propre. Elle préserve son passé mais ne s'endort pas pour autant sur ses lauriers. La ville est dynamique et propose également moultes activités nautiques et excursions pour découvrir la région, alors que le calendrier culturel de la ville propose tout au long de l'année des animations et des festivités.

Dinan, ville historique

Dinan est une ville unique. Enserrée dans ses murailles, la ville est l'une des plus représentatives de toute la Bretagne de l'époque médiévale. Jugez plutôt : la cité véhicule dans ses murs plus de mille ans d'histoire. Son nom viendrait de la contraction de deux mots celtes : Dunos (colline) et Ahna (Anne). La ville serait donc la colline d'Ahna, une déesse celte protectrice des vivants et gardienne des morts, tout un programme. Au départ, c'est autour d'un petit prieuré bénédictin que le premier bourg se crée, puis la ville va croître doucement, au gré de son histoire, de ses périodes fastes (au XIIe et XIVe siècles, la ville sera une place marchande majeure dans la région) mais aussi de ses guerres et déchirements (guerre de succession de Bretagne, attaques des Anglais…). Le beau patrimoine architectural que possède Dinan est ainsi le résultat de ces cheminements historiques, ce qui la rend encore plus intéressante. Belle représentation de ces évolutions, la basilique Saint-Sauveur présente à peu près tous les styles existants ! Roman, gothique, classique, baroque… chaque période y a laissé son empreinte et elle demeure aujourd'hui encore inachevée. Les remparts qui entourent toute la vieille ville ont eux aussi évolué au fil des siècles, épaississant et s'adaptant aux nouvelles armes de guerre. Caractéristiques de la région et de l'époque (XVe et XVIe siècles), les maisons à pans de bois font tout le charme de Dinan. On en distingue trois sortes, les maisons à encorbellement, les maisons à vitrines et les maisons à porche. Très ancienne également, la tour de l'horloge (ou beffroi) qui date du XVe siècle permet d'avoir un splendide point de vue sur la ville et toute la vallée de la Rance.

Autour de Guitté, passé et présent

À une cinquantaine de kilomètres au sud de l'embouchure de la Rance à Saint-Malo, Guitté, minuscule bourgade de moins de 100 âmes, est une escale nécessaire sur cette balade le long de la Rance. Parce qu'ici le passé et le présent se rencontrent tout en douceur et permettent de sortir des sentiers battus des circuits touristiques traditionnels. Le passé, et pas n'importe quel passé, est vraiment présent à Guitté ! Châteaux, manoirs, églises, chapelles… on ne recense pas moins de 6 monuments remarquables dans le secteur. Pas mal pour une commune dont le nombre d'habitants tient dans un mouchoir de poche. Mieux, un menhir trône sur ses terres : le menhir de la pierre longue (son nom lui vient de sa forme allongée) qui appartient à un alignement de 48 menhirs situés sur la commune voisine Médréac. Arrosée par la Rance et disposant d'un bel étang (résultat du barrage hydroélectrique), Guitté est aussi un agréable coin de verdure.

L'Aven, à pas de géants

Pont-Aven et sa rivière sont indissociables. Le cours d'eau, qui présente de nombreuses facettes, est le symbole de la petite ville qu'il traverse de part en part. La plus célèbre image est celle des chaos de granit, qui roulent dans l'Aven entre les anciens moulins de la cité. Entre tranquillité campagnarde et fougue minérale, l'Aven vous entraîne, à la découverte de ce petit coin de Bretagne célébré par les peintres de la fin du XIXe siècle.

De la source

La rivière de l'Aven prend sa source à Coray aux portes des montagnes Noires, au lieu-dit de Pen-Aven, « la tête de l'Aven » en français. Le fleuve court sur trente-sept kilomètres dans le bocage breton, avant de se jeter à Port-Manech. Là, dans cet estuaire si doux se rejoignent l'Aven et le Belon. Ce site admirable clôture le cheminement d'un fleuve tranquille, qui se fait toutefois plus vrombissant au gré de ses rencontres avec les affluents du Ster Goz et du Pénanros, capables d'aller déranger la pierre qui dormait depuis des millénaires.

L'aber Benoît, chapelets d'îlots

Situé au sud de l'aber Wrac'h, l'aber Benoît répond aux douceurs luminescentes de la mer se lovant dans l'estuaire. À quelques pas de Lannilis, ce cours d'eau n'est que délicatesse et beauté.

Un coin de paradis

Le Finistère nord vous réservera bien des surprises, la plus belle étant certainement l'aber Benoît. Ses berges serties de verdure sont le refuge de nombreux bateaux de plaisance venus s'amarrer et se ressourcer dans ce bain de douceur. Les maisons blanches étincellent devant la clarté et la tranquillité des eaux. Une route longe l'aber et permet d'apprécier ce si joli site. À Saint-Pabu, les dunes de Corn ar Gazel offrent à leur sommet une vue superbe sur la presqu'île de Sainte-Marguerite, l'aber Benoît et ses chapelets d'îlots.

Le Blavet en mouvement, méandres langoureux

Le Blavet traverse la Bretagne du nord au sud, prenant son temps dans ses méandres langoureux, laissant ainsi au voyageur le temps de musarder. Cette belle rivière offre à la campagne environnante tous les reliefs, des plus tendres aux plus mouvementés. Entre partie de campagne et balade fluviale, le Blavet vous attend.

Un damier de couleurs

Né dans les Côtes-d'Armor, le Blavet traverse la campagne bretonne depuis les monts du Mené et va se reposer dans le lac de Guerlédan. Au fil de son périple, il rencontre quelques écluses napoléoniennes qui permettent de régulariser son cours et de le rendre ainsi plus navigable. Les amateurs de canoë trouveront sur le Blavet toutes les sensations de la glisse. En bout de course, la rivière rejoint enfin le Scorff, en rade de Lorient, sous la citadelle de Port-Louis. Tout au long de son parcours long et varié en Bretagne intérieure, des villages de caractère et des monuments pittoresques se sont greffés. Ainsi, le village de Saint-Nicolas-des-Eaux est un petit émerveillement au pied du Blavet. Installées à flanc de coteau au-dessus d'un barrage et d'une écluse, sa chapelle Saint-Nicolas et sa fontaine sacrée sont de beaux exemples d'authenticité bretonne.

Mégalithes

La première architecture

Symboles de l'ère néolithique, les mégalithes, ces vastes constructions en plein air, ornent partout les terres de Bretagne, les champs cultivés comme les îles désertées. Dolmens et menhirs ont acquis une grande popularité dans l'imaginaire des hommes et les interprétations sur leur signification vont toujours bon train. Leur découverte, elle, est un plaisir toujours renouvelé.

Les pierres dressées de Bretagne sont les emblèmes énigmatiques de l'œuvre humaine. Elles sont les témoins de la première architecture monumentale européenne. Elles apparaissent à une époque où les hommes nomades et chasseurs entrent dans l'ère du néolithique, devenant alors sédentaires et cultivateurs. Pour se repérer un peu dans le temps, trente-cinq mille ans séparent ces hommes de ceux qui vivaient dans les grottes, et sept mille ans nous éloignent d'eux et de leurs mystérieux alignements de pierres levées. Les mégalithes, ces édifices imposants érigés au moyen de blocs énormes de pierres, se caractérisent par deux types distincts correspondant peut-être à deux fonctions différentes. Le mystère reste entier, même si de nombreuses théories leur assignent un rôle de service pour les morts. Les pierres de Bretagne sont en granit. Isolées dans un champ ou groupées dans un alignement, leurs dimensions et poids peuvent varier.

Le menhir

Le plus connu est le menhir, ou « pierre dressée », cairn en celte. C'est un pilier de pierre élevé par l'homme, pour marquer ou repérer un lieu, à la manière de nos stèles commémoratives. Certains peuvent atteindre des hauteurs spectaculaires. Ainsi, le menhir de Saint-Uzec à Pleumeur-Bodou, le menhir de Men Marz à Brignogan ou celui du champ Dolent à Dol-de-Bretagne frôlent tous les dix mètres ! Cette force levée défiant les cieux a été très souvent christianisée et deux de ces menhirs portent une croix en leur sommet. La Bretagne a ainsi été parée de nombreux menhirs partout sur ses terres, face à la mer, apparus chaque fois que les hommes ont voulu signifier leur attachement, leur croyance.

Le dolmen

La chaîne mégalithique de Bretagne se caractérise aussi par le dolmen. C'est une table en pierre à laquelle on accède par une allée couverte. Les fouilles ont prouvé que c'était en général une sépulture. L'allée et le dolmen étaient recouverts d'un tumulus de terre ou d'un tertre de pierres sèches. Ceux-ci ont pour la plupart disparus. Parmi ceux qui subsistent, le plus célèbre est celui de Gavrinis. Haut de huit mètres, mesurant cent mètres de circonférence, il couvre le dolmen le plus beau du monde. Plus facile d'accès, le dolmen de la roche aux Fées force l'admiration pour ses proportions et la magie du site.

Carnac

Mystère des origines

Carnac, le plus grand site mégalithique du monde, est un haut lieu de la préhistoire européenne. Ses quelque trois mille pierres levées évoquent avec force tous les mystères et secrets qui subsistent encore au sujet de l'humanité. Si le site de Carnac n'est plus en accès libre (sauf l'hiver) depuis 1991 pour être mieux préservé, la vue des alignements à travers les grilles de protection reste néanmoins un grand moment.

Au pays des mégalithes

Dans la lande et les broussailles, l'incroyable spectacle de presque trois mille menhirs alignés dépasse l'imagination. Les alignements se répartissent sur quarante hectares et sur environ quatre kilomètres, selon une orientation architecturée. Suivant une direction bien particulière, les alignements de Kerlescan vous surprendront au détour d'un virage. Cinq cent cinquante-cinq menhirs de toutes les tailles sont rangés parallèlement sur treize lignes. Particulièrement bien conservés, ces alignements conservent en leur sein toute la magie des lieux. Parmi eux, le Géant du Manio est un menhir gigantesque de six mètres de haut. Il pointe sa cime au soleil levant. C'est en effet à l'aube que ces pierres levées en disent le plus, quand la lumière s'infiltre entre chacune d'elles pour découvrir leurs rondeurs. À côté, les alignements du Petit Ménec sont aujourd'hui le seul espace non aménagé et en accès libre. Il permet de côtoyer au plus près cet enchantement minéral. Plus loin, les alignements de Kermario comptent parmi les plus beaux menhirs de Carnac : il y en a neuf cent quatre-vingt-deux, sur dix files. Au bord de la route, un dolmen à couloir a perdu son tumulus, mais la part de mystère reste entière. Suivent les alignements du Ménec : mille quatre-vingt-dix-neuf menhirs disposés en onze files. Là aussi, les alignements se terminent par un cromlech, c'est-à-dire une enceinte de dalles jointes à l'extrémité d'un alignement. Ce sont en fait des pierres dressées sur des cercles ou des rectangles.

Locmariaquer
Fascinants menhirs

Locmariaquer est une longue étendue de terre fermant à l'ouest le golfe du Morbihan. Ce paysage qui constitue la rive droite de la ria de la rivière d'Auray est une invitation à la douceur, le temps d'une pause maritime, pour découvrir un important patrimoine mégalithique.

Un ensemble exceptionnel

Le socle rocheux de Locmariaquer est formé par le granit de Carnac situé non loin de là. Si les monuments mégalithiques sont ici en plus petit nombre, ils révèlent à la lumière quelques-uns de leurs secrets. On peut ainsi admirer au gré de la promenade une douzaine de sites dont sept sont majeurs pour l'histoire néolithique de la Bretagne. Le plus célèbre d'entre eux est très certainement le Grand Menhir brisé. C'est le plus grand menhir au monde, mais il n'est plus debout. Il gît à terre, brisé en quatre blocs, dont l'un fait douze mètres de long. Reconstitué, ce menhir atteindrait la taille de vingt mètres trente. Il est l'emblème de l'une des plus grandes prouesses techniques de l'humanité. L'extraction, le façonnage, le transport sur une dizaine de kilomètres et l'érection de ce monolithe, de plus de vingt mètres de long pour une masse de près de deux cent quatre-vingts tonnes, quelque quarante-cinq siècles avant J.-C., relèvent du défi le plus incroyable. Non loin de là, la table des Marchands est un cairn avec dolmen à couloir. Ce couloir débouche sur une chambre dans laquelle un homme peut se tenir debout. Suivant un sentier derrière ce monument, le tumulus du Mané Lud et son dolmen associé apparaissent. Au fil de votre exploration, vous rencontrerez aussi le long tumulus bas d'Er Gram, le dolmen à double-chambre de Mané Retual, le tumulus de Mané er Hroeg et ses menhirs satellites. La campagne autour de Locmariaquer révèle encore quelques autres prouesses majestueuses, comme l'allée couverte des Pierres plates, qui laisseront aux visiteurs de fascinantes images.

Lannion
La diversité à portée de mains

« À Lannion, on trouve toutes les Bretagne ! », scande le slogan de la ville. C'est on ne peut plus vrai ! Ville d'histoire, ville de loisirs, ville proche de la nature, ville urbaine... Lannion a mille et un visages.

Tout près de la mer, à une encablure de la côte de Granit rose et de Perros-Guirec, l'incontournable cité balnéaire au cœur du Trégor, Lannion se dévoile tout en nuances. Terre d'histoire, la baie de Lannion est encore aujourd'hui largement empreinte d'un passé qui remonte jusqu'aux temps les plus anciens. Des vestiges datant de l'époque romaine ont d'ailleurs été mis à jour lors de fouilles (tronçons d'aqueduc, voies romaines, poteries, etc.), et même s'ils ne sont plus visibles, ils attestent, tout comme le site du Yaudet à quelques kilomètres de la ville, que des populations avaient investi les lieux il y a plusieurs milliers d'années. Le centre-ville, plus représentatif de l'architecture médiévale, témoigne encore de cette richesse passée même si la ville a souffert de guerres et de pillages pendant ses périodes les plus difficiles. Sur les berges du Léguer, le fleuve qui nourrit la ville, les petites maisons à colombages côtoient en effet les édifices les plus remarquables. L'église Saint-Jean-du-Baly érigée au XVIe siècle et l'église de Brélévenez dont on accorde la réalisation aux Templiers (entre le XIIe et le XIVe siècle), toutes les deux classées monument historique, sont deux exemples du patrimoine que possède la cité, mais les églises, couvents, cloîtres, calvaires et croix sont partout sur le petit territoire de Lannion. Lors d'une balade, impossible de ne pas tomber sur de vieilles pierres ; à la fois morceaux d'architecture et morceaux d'histoire. À la sortie de la ville, la nature reprend ses droits et la campagne qui sépare la ville de la côte est une invitation aux promenades bucoliques alors que la base nautique accueille touristes et locaux pour des activités diverses. Un environnement de choix pour se laisser porter par la douceur de vivre de Lannion.

Lac de Guerlédan

Pêche et randonnée

C'est le plus grand lac artificiel de Bretagne. Un espace bien pensé, bien préservé et judicieusement mis en forme pour offrir un très beau coin de nature, à cheval sur deux départements.

Il fait 400 hectares… c'est dire s'il est étendu. Créé de toutes pièces dans le début des années 1930 pour alimenter le barrage de Guerlédan, ce lac s'étend sur plus de 12 km et a été totalement aménagé pour être aujourd'hui un véritable environnement naturel et un lieu de rencontres des amoureux de la nature et du plein air. Le lac de Guerlédan est ainsi la preuve que lorsque la technologie se met au service de la nature, le résultat peut être des plus réussis. En effet tout ici invite à la détente et au rapprochement vers le vrai, la faune, la flore. Le lac, peu profond mais particulièrement poissonneux, est ainsi un lieu de rendez-vous apprécié des pêcheurs : brochets, sandres, perches… les espèces d'eau douce sont légion dans ces eaux. Pour se faire une idée de l'étendue du lac et en découvrir les moindres recoins, on peut prendre place à bord du bateau croisière ou préférer une embarcation plus solitaire : canoë, voilier ou bateau à pédale. Le ski nautique est aussi pratiqué sur le lac, c'est d'ailleurs un site d'entraînement réputé. Les berges et les alentours du lac sont plutôt dédiés à la randonnée. Avec ses petits airs de bois canadien rougissant, la forêt est simplement magnifique à l'automne mais se pare de couleurs chatoyantes tout au long de l'année. Une nature préservée et entretenue avec soin pour que puissent s'y épanouir les espèces animales et végétales locales. C'est notamment un site d'hivernage pour les oiseaux, et les ornithologues en herbe ou chevronnés pourront voir évoluer des spécimens au bout de leur longue-vue. La forêt enfin est particulièrement bien aménagée pour la randonnée et les sentiers permettent de découvrir de beaux points de vue sur l'ensemble du site, côté lac ou côté terre.

Balade en forêt de Paimpont

Un voyage initiatique

La forêt de Paimpont est la légendaire forêt de Brocéliande. Son territoire s'étend sur les départements du Morbihan et de l'Ille-et-Vilaine, mais elle n'est aujourd'hui qu'une infime partie de l'antique forêt qui recouvrait le massif armoricain. Terre de légendes depuis la nuit des temps, elle n'en finit pas d'attirer les promeneurs inspirés.

La forêt de Paimpont est un des vestiges de l'immense forêt qui recouvrait la péninsule armoricaine au temps de la Gaule celtique et du haut Moyen Âge. Ses 7 067 hectares sont aujourd'hui très morcelés, des défrichements successifs et les différentes générations qui ont peuplé ce territoire lui confèrent désormais une grande diversité de paysages. Le massif boisé est entrecoupé de clairières, de vallées et de dépressions, les futaies de hêtres et de chênes sont mêlées de résineux et de landes, les lacs et les ruisseaux réfléchissent cet univers bucolique et inspiré. Le sol est composé de roches primaires, des schistes : leur couleur rouge étonne toujours autant, c'est le minerai contenu dans le sol qui la leur donne. Au bord de son étang, les vestiges des forges de Paimpont témoignent de l'exploitation du fer du XVIIe au XIXe siècle. Si vos boussoles perdent le nord dans ce pays, ne vous étonnez pas, c'est ce même minerai qui fausse l'orientation des aiguilles.

La magie opère

À l'époque gauloise, la forêt était le domaine des druides qui pratiquaient leur culte dans les clairières sacrées. Au XIe siècle, un vent breton venu de l'Angleterre souffla sur Brocéliande, animé par les légendes concernant le roi Arthur, les chevaliers de la Table ronde et l'enchanteur Merlin. Cette localisation se poursuivit au XIIe siècle, la légende prenait corps, un dolmen devint le tombeau de Merlin, le château de Comper la demeure de la fée Viviane. Aujourd'hui encore plane le souvenir de ces légendes, de ces traditions celtiques qui passionnent des personnes du monde entier. En 1990, deux terribles incendies ravagèrent durant cinq jours les bois et les landes au sud de Tréhorenteuc et le coteau du Val sans retour. En mémoire de ces événements et pour rappeler la force onirique de la forêt des légendes, l'artiste François Davin a créé l'Arbre d'or. C'est un châtaigner recouvert de feuilles d'or et entouré de cinq arbres morts. Une nouvelle légende est née, l'esprit de Merlin demeure.

Le Val sans retour, le cœur de la forêt

Les paysages se succèdent dans une magie de contrastes et de couleurs dans une vallée encaissée parcourue par le Rauco.

Profondément creusée dans le schiste rouge, son étang procure un moment de paix où s'envolent toutes les imaginations. Ce paysage de mystère stimula les esprits car le Val sans retour se présente comme le domaine de la fée Morgane, la redoutable demi-sœur du roi Arthur. L'étang du Miroir aux fées souligne l'emprise féerique exercée sur cette vallée. Il est dit que si l'on passe par le Miroir aux fées, on passe la Porte des légendes. Situé en haut du Val, le siège de Merlin est une formation rocheuse où l'enchanteur avait coutume de venir voir le soleil se coucher sur la forêt. Contre la digue du Miroir aux fées, les ruines du Moulin de la vallée forment un ensemble très romantique.

La magie du monde celtique au château de Comper

Comper est un haut lieu de mémoire du monde celtique : devant le vieux château féodal, Merlin bâtit pour Viviane un palais de cristal. Afin qu'elle ne soit pas dérangée par les regards humains, il le masqua de l'apparence d'un lac. La Dame du lac y recueillit et éleva le futur Lancelot du lac, celui qui donna au roi Arthur sa fameuse épée Excalibur. Incendiés, pillés à de nombreuses reprises, les vestiges d'enceinte du XIVe siècle avec les tours et les douves profondes témoignent de l'importance de Comper, l'un des plus forts châteaux de Haute-Bretagne. Au XIXe siècle, on y bâtit un manoir de style Renaissance. Par la volonté de quelques passionnés, la légende d'Arthur vit encore dans ce lieu magique. Comper accueille le centre de l'imaginaire arthurien, spécialisé dans la littérature moderne et ancienne, les beaux-arts et le spectacle appliqués à la légendaire Table ronde.

Lizio

Un petit village de caractère niché dans la verdure

Au cœur d'un paysage vallonné, la jolie commune de Lizio abrite de ravissantes maisons en granit, remarquablement restaurées, dans un écrin de verdure.

Autour, la campagne du pays de Malestroit est truffée de manoirs, chapelles et châteaux sertis de verdure. Une nature sublime et dépaysante où règnent les vielles pierres. En arrivant par Tromeur dans la petite cité de Lizio, cette heureuse découverte se renforce encore. Le hameau est noyé dans la campagne environnante. Ici, les maisons et les fermes construites à une époque où le commerce était particulièrement prospère pour les tisserands, divulguent en leur murs de granit un charme indéniable. Chacune des constructions se singularise, par son architecture d'ensemble certes, mais également par des détails ornementaux qu'on prend plaisir à observer : lucarne à fronton triangulaire ou en plein cintre, corniche ou linteau en accolade, fontaine sculptée, niches, etc... La précision du travail est remarquable.

Harmonie des lieux

En flânant dans les ruelles du village, on découvre là un four à pain, ici un vieux moulin, plus loin une vieille demeure couverte de lierre. L'authenticité dans toute son harmonie. Reconstruite en 1655, l'église Notre-Dame du Lys présente une architecture morbihanaise typique du XVIIe siècle.

À proximité du bourg, on ne manquera pas la visite de la chapelle Sainte-Catherine. Ancien relais sur le chemin de Compostelle fondé par les templiers vers 1200, et flanquée de sa fontaine, elle constitue un pur joyau. À l'intérieur, dalles, pierres et colonnes sont disposées selon une savante symbolique inspirée des traditions médiévales. Et partout autour de Lizio, l'appel des bois pour des randonnées sur des sentiers réellement idylliques.

Les légendes bretonnes

L'Ankou

Gare aux égarés la nuit tombant

Personnage terrifiant armé d'une faux, qui circule debout sur un chariot grinçant, l'Ankou est redouté des Bretons. Depuis la nuit des temps, on raconte son histoire à la lueur du feu...

À la tombée de la nuit, à l'heure où l'on ne distingue plus le chien du loup, malheur aux égarés qui croiseraient le chemin de l'Ankou quelque part dans les monts d'Arrée, autour du Yeun Elez, son fief. Personnage redoutable, il est réduit à l'état de squelette, armé d'une faux, le tranchant tourné en dehors et qu'il affûte avec un os humain. Affublé du fameux pantalon bouffant noir que portent les laboureurs bretons, le bragou braz, ou parfois drapé d'un simple linceul, il est la personnification de la mort. Sa tête décharnée couverte de longs cheveux blancs et coiffée d'un large feutre dissimulant son visage scrute sans cesse, telle une girouette autour de sa tige de fer, toutes les personnes à l'agonie pour les faucher. Passeur d'âmes, il entasse alors ses morts sur sa charrette, chargée de pierres, qui émet un bruit diabolique pour effrayer les vivants.

Le dernier mort de l'année devient l'Ankou

Lorsqu'un malheureux est fauché, quelques pierres sont déchargées. Lors de veillées mortuaires, on entend parfois un bruit de caillasse : c'est l'âme du défunt qui remplace une partie du lest sur la charrette de l'Ankou.

Plus encore que l'odeur de bougie ou le chant du coq la nuit, entendre grincer les roues du funèbre convoi est le signe annonciateur que l'on va soi-même ou un proche passer de vie à trépas sans tarder. Celui qui aperçoit l'Ankou meurt dans l'année. Ainsi en est-il du triste sort de Fanch ar Floc'h, ce forgeron qui travailla le soir de Noël jusqu'après l'heure sainte de minuit et à qui l'Ankou rendit visite pour faire réparer sa faux. L'homme ne reconnut pas le funeste visiteur, lui rendit service et mourut à l'aube. On raconte que le dernier mort de l'année devient à son tour l'Ankou.

La légende de Tourc'h

Quand Arthur chassait le sanglier magique

Durant toute sa vie, le roi Arthur chassa Tourc'h, le sanglier blanc et magique. Mais en vain... Celui-ci était immortel.

Impossible à capturer et encore moins à tuer. Pour qu'Arthur, guerrier intrépide et symbole de force, ne parvienne à ses fins, cet animal ne pouvait être que magique. Et par conséquent immortel.

Dans la mythologie celtique galloise, Tourc'h était un roi qui, pour avoir péché à maintes reprises, fut changé en sanglier. Entre ses oreilles, il garda un peigne, un rasoir et des ciseaux. La récupération de ces objets fut la tâche la plus difficile infligée par Yspaddaden, le roi des géants, à Culhwch, le cousin d'Arthur, qui voulait épouser sa fille Olwen. En effet, une malédiction voulait qu'Yspaddaden perde la vie lorsque la belle Olwen se marierait. En jeune fille obéissante, elle promit d'épouser Culhwch s'il faisait ce que son père lui demandait. Elle lui recommanda de ne pas renoncer, quelles que soient les tâches ou les conditions qui lui seraient imposées.

Les amoureux enfin réunis

Le géant ordonna à Culhwch une série d'épreuves quasi irréalisables pour qu'il puisse enfin épouser Olwen. Avec l'aide du roi Arthur et de ses chevaliers, il réussit les 16 exploits, dont la plus ardue : chasser Tourc'h le sanglier fantastique et ramener les objets placés entre ses oreilles. Lorsque le jeune homme revint avec ses compagnons à la cour d'Yspaddaden, toutes les conditions étaient remplies, mais le roi voulut encore remettre le mariage à plus tard.

Alors le page d'Arthur, Goreu, excédé, lui trancha la tête et la plaça sur un poteau dans la cour. Puis il prit possession du château et de ses domaines. Culhwch et Olwen purent enfin dormir ensemble et furent fidèles l'un à l'autre toute leur vie.

C'est ainsi que Culhwch eut Olwen, la fille d'Yspaddaden, le roi des géants.

Brocéliande

Sur les traces de Merlin

Royaume de Merlin, cette forêt mythique et féerique, mêlant des paysages de landes, de bois et d'étangs, vibre toujours de la présence du grand enchanteur.

Sur la crête du Val-sans-Retour, une formation de schiste sculptée par l'érosion présente une curieuse anfractuosité, surnommée « le siège de Merlin ». C'est ici, dit-on, que Merlin, fils du Diable et d'une mortelle, vient s'asseoir au coucher du soleil pour méditer. De là, le regard embrasse un vaste horizon sur Brocéliande, toujours hantée par la présence du magicien, ami et conseiller du jeune Arthur dans sa recherche du Graal.

Son souvenir est également prégnant à la fontaine de Barenton, haut lieu de la forêt de Brocéliande, une modeste source au milieu d'une clairière. Cette fontaine marquerait sa première rencontre avec la fée Viviane, autrement appelée la Dame du Lac. C'est là qu'ils s'aimèrent dans le « jardin de joie » que l'enchanteur avait fait apparaître pour séduire la fée. Sur la margelle de pierre, « le perron de Merlin », ce dernier avait l'habitude d'attendre la venue de sa bien-aimée.

La plainte de Merlin résonne les nuits de tempête

Fou d'amour, en une seule nuit, il édifia pour elle, sous l'étang où se reflète le château de Comper, une citadelle de cristal. C'est là qu'elle y élèvera Lancelot, futur chevalier du roi Arthur. Forte des sortilèges transmis par le grand enchanteur, Viviane envoûtera Merlin à la fontaine de Jouvence, après avoir rajeuni les traits du vieux druide. Puis elle l'emprisonnera pour l'éternité de neufs cercles magiques. Selon la légende, il repose au lieu-dit La Marette, dans un tombeau formé de deux dalles de schiste à l'ombre d'un houx centenaire. Les pèlerins de la légende arthurienne viennent s'y recueillir. Mais est-ce vraiment le tombeau de Merlin puisqu'il est censé avoir été enfermé dans sa prison d'air ? Le doute subsiste. D'autant plus que l'on raconte que les nuits de grand vent, la complainte de Merlin retentit au plus profond du Val-sans-Retour…

La ville d'Ys

Marie Morgane ou la sirène de la cité engloutie

Ville mythique, symbole de plaisir et de débauche encouragés par la belle Dahud, Ys sera recouverte par les flots. Par temps calme résonne encore le tintement de ses cloches…

Au large de Douarnenez, dans la région du Finistère, la merveilleuse cité d'Ys était gouvernée par Gradlon, roi de Cornouaille. Une puissante digue protégeait la cité des flots de l'océan. Une écluse fermait le port et seul le roi Gradlon pouvait décider de son ouverture. Veuf, le vieil homme avait une fille, Dahud, qui, devenue jeune et belle, tomba dans la débauche entraînant avec elle les habitants d'Ys.

Son rêve de libertine ? Une cité où seules régneraient richesse, liberté et joie de vivre. Chaque soir, elle faisait venir un nouvel amant au palais, l'obligeant à porter un masque de soie. Mais le masque était enchanté et, à l'aube, il se transformait en griffes de métal, tuant ainsi les malheureux dont les corps étaient jetés du haut d'une falaise dans l'océan, au-delà de la baie des Trépassés.

La ville pécheresse sera châtiée

Un matin, un prince, vêtu de rouge, débarqua dans la cité. Dahud tomba aussitôt amoureuse de l'étranger. C'était le Diable que Dieu envoyait pour châtier la ville pécheresse. Par amour pour lui, elle déroba la clé de l'écluse. Le prince ouvrit l'écluse et l'océan en furie envahit la ville en déferlant dans les rues. Prévenu par saint Guénolé, Gradlon put s'enfuir sur son cheval marin. Il se mit à chevaucher péniblement dans les vagues, mais le saint lui intima l'ordre d'abandonner Dahud sous peine de périr avec elle. Il l'abandonna à Poul Dahud, un gouffre où, dit-on, elle devint une sirène nommée Marie Morgane. Aujourd'hui encore, les marins de Douarnenez perçoivent parfois son chant et la craignent car elle est capable de les séduire pour les entraîner aux fonds des flots. Lorsque le temps est clément, il n'est pas rare d'entendre également le tintement des cloches d'Ys sous la mer.

Le château de Trécesson

Un château fort hanté par une dame blanche

Aux confins de l'Ille-et-Vilaine et du Morbihan, à l'orée de la forêt de Brocéliande, le château semble tout droit sorti d'une légende celtique. Surtout par temps de brouillard...

Par beau temps, ses tourelles et ses imposants murs de schiste rougeâtre se reflètent dans l'étang, mais lorsque le brouillard se diffuse sur les landes en cette région de Haute-Bretagne, le château s'estompe et rejoint l'univers ensorcelant de la forêt de Brocéliande.

Aux abords de la forteresse médiévale, on peut parfois, les soirs de pleine lune, surprendre une silhouette de femme, vêtue de blanc. Elle rôde autour des douves du château que l'on croit volontiers hanté. On raconte qu'il y a bien longtemps, vers 1750, durant une froide nuit d'automne, un braconnier de la région en train de poser ses collets entendit le bruit d'un chariot tiré par des chevaux. Il se cacha dans un arbre et observa ce qui se déroulait sous ses yeux : éclairés par les rayons de la lune, des jeunes gens coiffés de chapeaux à grandes plumes descendirent du carrosse munis de pelles et de pioches.

Une robe de mariée exposée dans la chapelle

Derrière eux, une jeune fille, vêtue d'une robe de soie blanche portant une couronne et un bouquet de fleurs, avançait avec une immense lassitude. Arrivés au milieu d'un champ en contre-bas du château, les hommes se mirent à creuser une fosse puis y jetèrent la jeune fille qui suppliait qu'on la laisse en vie. Mais en vain. Ils recouvrirent de terre le trou, ramassèrent leurs outils et regagnèrent le carrosse. Dès l'aube, le braconnier affolé courut au château raconter les faits. Le châtelain, perplexe, fit creuser le sol et l'on aperçut la malheureuse jeune fille. Elle se redressa, mais retomba aussitôt : elle était morte…
On ne sut jamais qui était la jeune mariée ainsi enterrée vive près du château de Trécesson. Le seigneur fit exposer dans sa chapelle la robe blanche et le bouquet de fleurs de la belle inconnue.

Le chêne à Guillotin

L'arbre envoûtant dissimula en son tronc un prêtre réfractaire

Ce chêne à l'écorce marquée par les siècles est sans doute le plus envoûtant des arbres de la forêt de Paimpont. Les tempêtes et les guerres n'ont pas eu raison de lui. Il aurait plus de 1000 ans...

Sa circonférence s'étend sur près de 10 mètres, il mesure plus de 20 mètres de haut, et l'on pouvait y pénétrer à 10 : il aurait plus de 1 000 ans… Nul arbre au monde ne revêt autant de superlatifs. Derrière sa silhouette spectaculaire, une histoire unique… Celle de l'abbé Guillotin, prêtre réfractaire pendant la Révolution française, qui y trouva refuge pour échapper aux sans-culottes. En ces temps troubles, il n'était pas de bon ton d'afficher sa croyance. Le prêtre fut alors sauvé par cet arbre creux depuis des lustres et qui ne fut curieusement jamais abattu. Lorsque l'armée républicaine, après avoir fouillé tout le village et les fourrés aux alentours, se trouva face à ce majestueux chêne, elle vit une gigantesque toile d'araignée. « L'araignée a tissé sa toile, il ne peut être là ! », aurait-elle déclaré.

La Vierge au secours du prêtre

L'explication ? Notre-Dame-de-Paimpont, descendue sur Terre, se serait transformée en insecte, tissant cette toile pour boucher l'entrée du tronc, et aurait ainsi protégé le prêtre de la vindicte des anticléricaux. Quant à l'abbé Guillotin, il attendit quelques jours avant de sortir, le temps que l'armée se disperse dans la campagne. Il revint au pays natal pour exercer secrètement son ministère.

Au beau milieu du petit village de Concoret, vous rencontrerez forcément le fameux chêne à Guillotin, à peine malmené par la tempête de 1999. Le temps passe, le chêne demeure. Les oiseaux y nichent, les chouettes y hululent et les amoureux viennent se jurer fidélité sous son feuillage. Chaque année, ce magnifique reverdit et nous laisse admirer toute sa grâce !

Le menhir du Champ-Dolent

Un spectaculaire mégalithe entouré de légendes

L'un des plus hauts et des plus fascinants menhirs de Bretagne n'est pas qu'une énorme pierre dressée. Il possède des légendes troublantes où entrent en scène des frères ennemis et le Diable.

Au sud de Dol-de-Bretagne, en Ille-et-Vilaine, à quelques encablures de la baie du Mont-Saint-Michel, se dresse, majestueux, le menhir du Champ-Dolent. Comme bien souvent, on ne sait ni par qui ni pourquoi fut dressé ce mégalithe. Monument funéraire ou commémoratif ? Représentation d'un dieu ? On ne peut que se perdre en supputations ou chercher un sens dans la légende. Elle évoque qu'en ce lieu s'est déroulée une terrible bataille entre les armées de deux frères se vouant une haine inexpiable. Les combats duraient, souillant la terre, au point que le sang versé suffisait à faire tourner la roue du moulin du vallon. Las de voir ce massacre fratricide incessant, Dieu fit choir du ciel une énorme masse pour séparer les combattants. Et le conflit cessa… D'où l'étymologie de Champ-Dolent qui signifie « champ de douleur ».

La disparition du menhir sonnera la fin des temps

On dit que le menhir s'enfonce d'un pouce à chaque siècle. Lorsque la terre aura entièrement englouti le menhir, la fin du monde aura sonné. Une variante à cette légende « officielle » relate que le Diable, voulant détruire la cathédrale de Dol-de-Bretagne, se saisit d'un rocher au Mont-Dol et tenta d'écraser l'édifice. Le rocher ne détruisit que la partie supérieure d'une tour (aujourd'hui encore manquante) et alla se planter plus loin dans le champ Dolent.
Aujourd'hui, on reste coi devant ce colosse de pierre dressé vers le ciel au milieu des champs. Taillé dans le granit, sans doute à l'époque du Néolithique, le menhir possède des dimensions impressionnantes : près de 10 mètres de hauteur pour une circonférence de 8,7 mètres à sa base et un poids estimé à 100 tonnes.

Tristan et Iseult

La légende du breuvage amoureux

D'origine celtique, la belle et cruelle histoire de Tristan et Iseult a traversé les siècles. La destinée émouvante de ces deux amants réunis à jamais en terre bretonne fascine encore et toujours...

La vie les a séparés, la mort les a réunis pour l'éternité : la légende du valeureux jeune homme et de la belle aux cheveux d'or, symbole de l'amour irrésistible et éternel, demeure universelle. Issue de la tradition orale, l'histoire de Tristan et Iseult présente diverses versions dont celle de Chrétien de Troyes, malheureusement perdue. Mais quelle que soit la variante, les ressorts restent les mêmes : la passion, l'aventure, le merveilleux.

On raconte qu'une hirondelle apporte un jour un cheveu couleur d'or au roi Marc'h de Cornouaille. Il charge alors son neveu Tristan de rechercher la femme qui possède une telle chevelure. Débarqué en Irlande, Tristan parvient à terrasser le dragon destructeur qui terrorise l'île. Blessé, il est recueilli par Iseult la Blonde, fille de la reine d'Irlande, qu'il emmène en Cornouaille. Une servante emporte un philtre censé provoquer l'amour d'Iseult envers le roi Marc'h.

Un philtre magique unit les amants à jamais

Mais lors d'une escale, Tristan et Iseult boivent accidentellement le vin herbé et tombent follement amoureux l'un de l'autre. Liés par la puissance de ce philtre bu par mégarde, ils s'aimeront toute leur vie, malgré les épreuves et la séparation. Après moult péripéties, Tristan épousera Iseult la Brune. Sur le point de mourir d'une blessure empoisonnée, il demande à revoir une dernière fois sa bien-aimée. Son navire portera une voile blanche si la mission est accomplie, une voile noire si Iseult ne vient pas. Alors que le bateau s'approche, Tristan demande à sa femme la couleur de la voile : jalouse, elle lui répond qu'elle est noire. Se croyant abandonné par celle qu'il aime, il se tue d'un coup d'épée. Iseult la Blonde en meurt de chagrin. Mais sur leur tombe, un cep de vigne et un rosier planté par le roi Marc'h s'entrelacent à jamais, preuve que leur amour survit par-delà la mort.

Le Tro Breizh
Le tour des saints de Bretagne

Entre légende et histoire, le culte des saints reste tenace en Bretagne. Au panthéon : les sept saints évêques fondateurs auxquels le pèlerinage du Tro Breizh rend hommage depuis le XIIe siècle.

Les Bretons entretiennent avec leurs saints – et ils sont légion ! – une relation familière alimentée par des rites particuliers et des dévotions ritualisées selon le saint vénéré. Preuve en est du grand nombre de lieux de culte sur tout le territoire. Mais également des pardons et pèlerinages dont celui du Tro Breizh. Lequel permet de faire le tour des tombeaux des sept saints fondateurs des évêchés armoricains ou « pères de la patrie » : saint Patern (Vannes), saint Corentin (Quimper), saint Tugdual (Tréguier), saint Samson (Dol), saint Paul-Aurélien (Saint-Pol-de-Léon), saint Malo et saint Brieuc dans leurs villes éponymes. Au Moyen Âge, plus de 30 000 pèlerins partaient sur les routes durant un mois et marchaient quelque 20 kilomètres par jour. Ils se recueillaient devant les reliques exposées par les cathédrales à qui ils versaient une contribution.

Un Tro Breizh pour le paradis

On accordait alors autant d'importance à ce pèlerinage qu'aux voyages de dévotion à Rome, Jérusalem ou Saint-Jacques-de-Compostelle. Tout chrétien se devait d'accomplir cet acte de piété au moins une fois dans sa vie pour gagner le paradis. Une légende bretonne affirme que ceux qui n'auraient pas effectué leur Tro Breizh de leur vivant seraient condamnés à le faire dans l'au-delà, en avançant chaque jour de la seule longueur de leur cercueil. Tombé peu à peu en désuétude à partir du XVIe siècle, ce périple circulaire d'environ 600 kilomètres est aujourd'hui remis au goût du jour et connaît un nouveau souffle. La marche étant désormais limitée à une étape d'une semaine par an. L'édition estivale, annuelle, mêle découverte du patrimoine, animations bretonnes, randonnée et spiritualité.

Le camp et la grotte d'Arthur

Sur les traces d'Arthur en forêt d'Huelgoat

Berceau de nombreuses légendes celtes, la forêt d'Huelgoat garde intact, en son univers tourmenté entre cours d'eaux et blocs granitiques étranges et chaotiques, le souvenir d'Arthur.

Sans doute est-ce l'œuvre du géant Gargantua : ces énormes blocs de granit formant un véritable chaos autour duquel bouillonnent des eaux auréolées d'étranges jeux de lumière. Dans leur entassement, ces roches forment des grottes, d'étroits couloirs et des formes insolites... À l'instar de Brocéliande, la forêt d'Huelgoat regorge de ces lieux chargés de mystère : grotte du Diable, rivière d'Argent, mare aux Sangliers, ménage de la Vierge, mare aux Fées.... Inscrites en ces terres de légendes, les traces d'Arthur également. Ainsi le camp d'Artus (déformation du mot Arthur). Cet authentique oppidum celte – une enceinte où se réfugiaient les populations –, porte le nom de ce célèbre roi de Bretagne dont les exploits furent contés dans les romans des chevaliers de la Table ronde. Le souvenir de ce fameux héros habite la forêt, comme le prouve un autre site mythique, la grotte d'Artus.

Une grotte gardée par des lutins malicieux

La légende rapporte que le roi y sommeille, en compagnie de ses fidèles compagnons. Gare à qui, pénétrant dans la grotte, le réveillerait sans raison valable : il n'en sortirait pas vivant. Mais un jour, lorsque la patrie sera en danger, Artus se lèvera pour sauver le royaume de Bretagne.

Une seconde légende révèle que cette grotte recèlerait un trésor découvert au Val sans retour, en forêt de Brocéliande, par le roi Arthur, grâce à l'enchanteur Merlin. Mais attention, celui-ci est gardé par d'affreux démons traversant les airs sous forme de feux follets, ces petits lutins malicieux, qui peuvent être si pernicieux. On y entendrait aussi, parfois, des hurlements. Aux alentours de la forêt d'Huelgoat, on affirme même que le camp d'Artus est hanté.

Le Hêtre de Ponthus

Un majestueux et mystérieux arbre niché au cœur de Brocéliande

Planté au milieu d'épicéas comme pour mieux convoquer le mystère, il s'offre au regard de celui qui se laisse gagner par la féerie des lieux. C'est l'un des arbres les plus merveilleux de Brocéliande.

Dissimulés dans les bosquets alentour, les korrigans et les fées veillent sur lui. Ce hêtre séculaire, aux branches tentaculaires recouvertes de mousse, se dresse fièrement quelque part en forêt de Brocéliande, pas très loin de la mythique fontaine de Barenton. La légende raconte que si vous ne connaissez pas cette forêt magique et envoûtante, vous n'aurez aucune chance de le trouver. À moins de connaître sa genèse. Réelle ou imaginaire ? Nul ne le sait.

Ponthus, fils du roi de Galice et chassé de son pays par les Sarrasins, rejoint le port de Vannes. Il y est accueilli par le roi de Bretagne et rencontre sa fille, la belle Sydoine dont il tombe amoureux. Mais une violente bataille s'engage contre les Sarrasins qui menacent la Bretagne. Grâce au courage de Ponthus, l'envahisseur est vaincu et obtient du roi la main de Sydoine.

Ponthus trouve refuge dans la forêt profonde

Or, coup de théâtre, le propre ami de Ponthus, Guennelet, fou de jalousie, le calomnie. Ponthus est contraint de fuir et se réfugie dans la forêt de Brocéliande.
N'ayant pu obtenir les bonnes grâces de Sydoine, Guennelet décide d'en finir avec son ex-ami et se rend en Brocéliande où il défie le valeureux chevalier. Pendant douze jours, pas un de moins, les deux hommes s'affrontent dans un corps à corps monstrueux. Au soir du douzième jour, Ponthus tranche la tête d'un Guennelet épuisé. Rien ne s'oppose alors à son retour à la cour du roi de Bretagne où il épouse Sydoine en justes noces.
Pour commémorer sa victoire, Ponthus fit planter un hêtre sur le lieu même du combat, au milieu des conifères.

Les korrigans

Ces êtres espiègles du Petit peuple féérique

Bienveillants la plupart du temps, ils peuvent être parfois cruels. De la famille des lutins, ils font partie de ces innombrables petits êtres surnaturels peuplant l'imaginaire breton.

C'est la nuit qu'ils sont les plus visibles, préférant rester cachés le jour. On les voit danser au clair de lune et fleurir les tombes des marins perdus en mer en y jetant une branche de buis. Ils hantent les lieux humides, sources, marais et fontaines. Typiquement bretons, ces nains malicieux (du breton « korr », signifiant nain), sont appelés, selon les lieux, korrigans, poulpiquets, kornandons ou ozégans. Physiquement, ils sont plutôt repoussants, disproportionnés avec une taille minuscule et une grosse tête laide et ridée, coiffés de chapeaux plats entourés de rubans de velours. Affublés d'une vulgaire toile grise généralement, ils se parent de vêtements aux couleurs vives quand ils vont festoyer autour des dolmens et y effectuer des rondes. Noirs et velus, ils sont dotés d'une force prodigieuse.

Gare à ceux qui entrent dans leur danse

À ceux qui leur manquent de respect, ils recourent à des facéties, plus ou moins anodines, mais à ceux qui les respectent, ils se montrent aimables et peuvent même rendre de grands services. Contre un nid douillet et une bonne nourriture, ils achèvent le travail de leur hôte, heureux de le constater à son réveil. Mais la plupart de ces petits nains prennent un malin plaisir à effrayer les promeneurs ou les marins qui les redoutent. Certains vont jusqu'à imiter la lumière des phares pour diriger les bateaux sur des récifs et assister ainsi à leur naufrage.
Peu actifs en hiver, une légende bretonne raconte qu'à l'arrivée des beaux jours, les korrigans appellent les mortels à la tombée de la nuit pour les faire venir autour d'un feu. Gare au mortel invité s'il se joint à leur folle danse, il se fait alors entraîner dans un piège où il finit tué ou envoyé dans une caverne souterraine.

Le moulin de Crémeur

Une construction diabolique au milieu des marais

À deux pas de la charmante cité médiévale de Guérande se dresse un magnifique moulin. Il aurait été construit par le Diable en personne...

Sur la route d'Herbignac, serpentant à travers les marais salants, se dresse un joli moulin à vent datant sans doute du XVIe siècle : le moulin de Crémeur, plus connu sous le nom de moulin du Diable. Édifié au sommet d'une butte battue par les vents, il porte des traces de blason. Son architecture de type « petit-pied », dont la base en granit est plus étroite que la partie du haut et le toit moins pentu que dans d'autres régions, est typiquement bretonne. Inscrit aux Monument historiques depuis plus d'un siècle, il embrasse fièrement les alentours. Il y a fort longtemps, il suscita de nombreuses légendes. Il doit d'ailleurs son surnom à l'une d'entre elles où il est question de pacte avec le Diable...

Un moulin contre une âme

On raconte ainsi qu'un jour le Diable proposa à un meunier, vivant avec sa femme dans une pauvre masure, de construire son moulin

en échange de son âme. Indigent et d'un caractère faible, celui-ci accepta. Toute la nuit, le Diable construisit le bâtiment. Mais au premier chant du coq, il y avait encore une dernière pierre de granit à sceller…
À la place de la pierre, pour faire fuir le démon, le meunier posa dans la niche encore vide, une statuette de la Vierge et se signa avec recueillement. Satan ne put terminer son ouvrage. Le pacte fut rompu. Le malin disparut en hurlant : « Tu m'as volé ! » . Et, depuis, le moulin, campé sur sa colline, fait entendre le grincement de ses ailes qui tournent pour le plus grand bonheur du meunier qui, dit-on, vécut longtemps et mourut avec les saints sacrements. Aujourd'hui on peut encore distinguer l'emplacement de la dernière pierre de granit.

Le Jardin aux moines

Un site énigmatique où plane la légende de moines dissolus

Terre de landes, de pierres pourprées et de chênes envoûtants, Brocéliande est enveloppé de mystères. Le Jardin aux moines, ce tertre néolithique impressionnant, participe à cet esprit des lieux.

Formé de blocs de pierres volumineux de schiste rouge et de quartz blanc, ce monument mégalithique baptisé le Jardin aux moines constitue un trapèze d'environ 25 mètres de long sur 5 à 6 mètres de large. Sa construction ? Environ 3000 avant J.-C. Sa fonction ? Mystérieuse. Il n'existe aucune explication sur l'existence de ce monument. Seuls deux ou trois exemples comparables à ce tertre néolithique sont connus en Bretagne. Une rareté qui lui confère sa magie et laisse place à l'imaginaire.

Le site, dans une petite clairière dissimulée dans la forêt mythique de Brocéliande, est imprégné de mystère et s'ouvre naturellement à la légende. Elle raconte qu'ici, en des temps immémoriaux, des seigneurs menaient une vie dissolue, entourés de moines avinés. Exit la vie monacale. Les orgies s'enchaînaient.

Grande chère et fêtes incessantes

Les moines, comme les seigneurs, passaient leur temps, dit-on, à faire ripaille et festoyer. Saint Méen les surprit un jour et tenta en vain de les remettre dans le droit chemin. Il les enjoint d'aller se confesser pour se faire pardonner leurs péchés mais eux se moquèrent de lui et continuèrent à mener leur occupation de débauche. Le châtiment ne se fit pas attendre. La colère divine fut immédiate et telle, que dans le fracas du tonnerre et à la lumière des éclairs, ils furent transformés à jamais en énormes pierres. Lorsque le soir tombe et que les rayons du soleil rasent ce monument énigmatique, on s'interroge : blocs de quartz ou blocs de schiste, lesquels sont les seigneurs, lesquels sont les moines ?

Le temple de Lanleff

L'énigme plane sur la rotonde

À la lisière du joli village de Lanleff se dresse un curieux édifice circulaire d'une pure beauté. Aujourd'hui encore, l'énigme quant à son origine persiste et s'arrime à une légende tenace.

Temple gallo-romain, baptistère mérovingien, sanctuaire celtique ou construction de mystérieux templiers ? Les explications historiques ne font pas l'unanimité. Le « temple » de Lanleff, bâti dans la région du Trégor, continue d'intriguer.

Il faut reconnaître que cette étonnante construction de deux enceintes concentriques de granit rose séparées par un déambulatoire où sont sculptés par endroits sur ses piliers d'étranges personnages nus avec des mains à quatre doigts, laisse perplexe. Son origine se perd dans la nuit des temps et par conséquent les interprétations sont légion, même si beaucoup s'accordent aujourd'hui sur le fait qu'il s'agit d'une église romane bâtie au XIe siècle sur le modèle du Saint-Sépulcre de Jérusalem. Mais cela reste une hypothèse laissant la place à une légende qui attribue une tout autre origine à ce temple unique en son genre dans toute la Bretagne.

Un commerce avec le Diable

On raconte que c'est dans ce temple austère qu'une vieille femme cupide fit commerce avec le Diable. Elle lui vendit son nouveau-né en échange de douze pièces d'or. Après s'être emparé de l'enfant, Lucifer jeta les pièces d'or à la sorcière. En voulant les attraper au vol, elle s'y brûla les mains, car elles sortaient tout juste des flammes de l'enfer. Dans un cri de douleur et de rage, elle les laissa tomber et les pièces s'incrustèrent à tout jamais dans la margelle de la fontaine adjacente à l'édifice. En aspergeant la margelle avec l'eau de la fontaine, on peut retrouver la trace des pièces rondes du Diable.

Les fontaines sacrées

À chaque mal son eau guérisseuse

Dotées de vertus bienfaitrices ou miraculeuses, les fontaines ont toujours été l'objet de dévotion en Bretagne. Dédiées à la Vierge ou à un saint, on s'y abreuve d'eau et de croyance populaire.

Pays jalonné de fontaines, on en dénombrait au début du XXe siècle plus de 2000 ! Leur culte, tout d'abord païen, remonte à la vénération que leur portaient les druides dans la société celtique, relayée plus tard par les prêtres chrétiens. Des plus modestes aux plus monumentales, associées à une chapelle ou une église, la plupart sont ornées d'une petite niche où était installée autrefois une statuette de la Vierge ou d'un saint, presque toutes disparues aujourd'hui. Chacune a sa spécialité. Colique, fièvre, rhumatisme, maux de ventre, folie… ; on s'y rend pour obtenir la guérison de ces maladies, s'y purifier, demander la pluie, le soleil ou… un bon mari. On se conforme alors bien souvent à un rite comme lancer une épingle. Si celle-ci reste à la surface, le vœu sera exaucé. Certaines fontaines, dit-on, peuvent rendre la vue aux aveugles, telle celle de Sainte-Claire de Limerzel.

Affluence lors des pardons

À la fontaine Sainte-Brigitte, on espère avoir du lait maternel abondant, à celle consacrée à saint Diboan recouvrer l'ouïe. Cette pratique inscrite dans le quotidien breton inclut naturellement la protection du bétail. Assoupie au creux du vallon, à Roscanvel, la fontaine du XVIIe siècle est placée sous la protection de saint Eloi, patron des forgerons et guérisseur de chevaux. Aujourd'hui encore, ceux-ci reçoivent la bénédiction de l'église lors du pardon annuel. C'est à la fontaine réputée miraculeuse de sainte Anne d'Auray, composée d'un haut piédestal de granit s'élevant au-dessus de trois vasques, que les pèlerins viennent par milliers, chaque été, se laver et boire. On prête également des vertus thérapeutiques à la fontaine Saint-Pierre, ancien lieu de culte druidique, qui aurait le pouvoir de transmettre de l'énergie positive et de prolonger l'existence et la vitalité.

Les pétrifiés de Bréhat

Un parricide sur l'île enchanteresse

Sa luminosité et sa végétation sublimées par le pinceau des artistes captivent quiconque découvre cette île véritablement enchanteresse. Pourtant elle fut le cadre d'une terrible histoire.

On la surnomme « l'île aux fleurs » devant l'abondance de ses hortensias, rosiers grimpants, agapanthes, et l'exubérance de sa végétation. On la découvre à pied ou à vélo pour un dépaysement sans faille. On y admire au soleil couchant ses rochers drapés d'un rose si particulier. Une teinte pourtant due à une bien tragique histoire qui s'est déroulée dans les replis de la pointe du Paon, aux abords de son gouffre.

On raconte que les deux fils du comte Mériadec de Goëllo, Gwill et Isselbert, lassés d'attendre la mort de leur père pour toucher leur héritage, décidèrent tout bonnement de le tuer. Averti du complot que le menaçait, le comte prit la fuite mais, avec l'aide du démon Golo-Robin, ses fils parvinrent à le rejoindre à la pointe du Paon.

Les deux fils se figèrent pour l'éternité

C'est dans ce décor de pierres sculptées par le vent et les embruns que le parricide fut commis. Mais, lorsque les deux bandits voulurent se débarrasser du cadavre et le précipiter du haut de la falaise, ils sentirent leurs membres s'appesantir et se transformer en pierres comme ceux de leur père dont le sang coula sur les roches alentour les marquant de cette couleur indélébile. Pétrifiés ils furent, pétrifiés ils restent à jamais dans les parois de la falaise au-dessus du gouffre où se brisent les vagues dans un fracas assourdissant.

Malgré ces souvenirs terribles, les jeunes filles de Bréhat viennent encore aujourd'hui jeter des pierres au gouffre du Paon pour savoir si elles se marieront dans l'année. Le nombre de ricochets des pierres sur les parois déterminerait le nombre d'années d'attente.

Culture et patrimoine

Le breton

L'ar brezhoneg ou la langue bretonne

Elle n'est ni un dialecte ni un patois mais une langue régionale qui aurait fait son apparition au Ve siècle. Très attachés à l'ar brezhoneg, les Bretons s'efforcent de lui redonner de la voix.

« Breizh » ou Bretagne, « gwenn ha du », nom du drapeau breton, ou encore « kenavo » l'au revoir en breton, sans oublier « chouchen », « fest-noz », et « kouign-amann »… qui ne connaît pas ces mots bretons. Certainement importé sur la péninsule par les immigrés venus de Grande-Bretagne au Ve siècle, le breton est donc une langue celtique de la branche brittonique (comme l'irlandais, l'écossais ou le gallois). Elle s'impose rapidement sur le gaulois. Elle est traditionnellement parlée dans la partie occidentale de la Bretagne (ou Basse-Bretagne) à partir d'une ligne allant de Saint-Brieuc (au nord) au pays de Guérande (au sud). Plus à l'est, de Saint-Malo à Saint-Nazaire, c'est le gallo, langue romane, qui n'a aucun lien de parenté avec le breton, qui se fait entendre. De cette époque jusqu'au IXe siècle date la majeure partie de la toponymie et les patronymes d'aujourd'hui.

« Défense de parler breton »

Dès la fin du XIIIe siècle, l'administration ducale abandonne le latin au profit du français. Après l'union du duché au Royaume, le breton devient une langue vernaculaire, utilisée également pour le culte. Sous la période révolutionnaire, l'usage du français est imposé pour ne pas laisser les citoyens ignorants de la langue nationale mais également pour permettre la diffusion des idées révolutionnaires.
La langue bretonne bénéficie d'un renouveau important sous la période romantique au XIXe siècle. Couramment parlée jusqu'à la fin de la Seconde Guerre mondiale, elle est interdite sous la IIIe République. Il est écrit partout dans les écoles *« défense de cracher par terre et de parler breton »* ! Pourtant, au début du XXe siècle, les trois quarts de la population bas-bretonne ne s'expriment qu'en breton… Aujourd'hui, grâce en partie aux écoles Diwan, la langue connaît un nouveau souffle.

Le mobilier breton
Typique, utile et solide

La singularité de ses formes lourdes, jamais galbées, la profusion de son décor conjuguée à un usage fonctionnel marque le meuble breton d'une originalité, reflet d'une riche imagination.

Massif, en bois plein, toujours rectiligne, sculpté de motifs géométriques ou de rosaces, de figures de saints ou de fleurs et animaux, le meuble traditionnel en Bretagne, et surtout en Basse-Bretagne, est un élément constitutif de l'identité culturelle. Lit, armoire, table, banc, coffre, le mobilier est avant tout fonctionnel et se doit d'être solide, sans délaisser pour autant l'ornementation.

Symbole de l'aménagement du foyer, le coffre est sans doute le plus emblématique parce qu'aussi le plus ancien de la tradition mobilière bretonne. On trouve en Bretagne des types de meubles qu'on ne retrouve presque nulle part ailleurs tels le lit clos, le lit-banc, le vaisselier-égouttoir, la presse à lin (ancêtre de l'armoire) etc. Le plus caractéristique demeure le lit clos aux panneaux de bois richement sculptés et souvent ajourés.

Le lit clos, enclos dans un meuble

On accolait au chevet et au pied du lit des armoires, tandis que sur les deux autres côtés étaient montés des panneaux fixes, recouverts eux-mêmes de panneaux mobiles coulissants. La fermeture complète du lit était ainsi assurée. Les fermes ne disposant souvent que d'une pièce unique où toute la famille logeait, ce type de lit préservait un peu d'intimité et permettait également de conserver la chaleur. L'aération se faisait uniquement par son plafond. Meuble principal des maisons rurales bretonnes jusqu'au XXe siècle, il était une fierté pour ses propriétaires. La huche ou coffre, la grande armoire à deux portes, la longue table flanquée de deux bancs constituaient le reste du mobilier domestique.
De beaux exemplaires de ces meubles ont été placés dans les musées de Bretagne tandis que les autres ont été reconvertis de façon plus ou moins heureuse en bibliothèque ou… en meuble-télé.

Églises, chapelles et cathédrales

Des perles de granit par milliers

Sur sa façade maritime ou à l'intérieur de ses terres, le paysage breton est émaillé de clocher surmontant une chapelle ou une église. Des trésors architecturaux inséparables de l'identité bretonne.

Le patrimoine religieux, riche et unique, marque sans aucun doute la personnalité de la Bretagne. Son renouveau religieux, manifeste au IXe siècle, voit fleurir partout sur le territoire des abbayes et des églises. Les cathédrales, quant à elles, voient le jour dès le XIIe siècle grâce notamment aux mécénats des ducs. Dans les neuf évêchés liés aux saints fondateurs de l'Armorique, de belles bâtisses sont édifiées ou reconstruites, certaines sur plusieurs siècles. Elles mêlent par conséquent différents styles depuis les éléments romans dépouillés jusqu'à l'exubérance du gothique flamboyant. La cathédrale Saint-Tugdual de Tréguier offre un exemple de construction gothique remarquable. Celle de Saint-Samson, immense édifice de granit, abrite le vitrail le plus ancien de Bretagne (XIIIe siècle) et le tombeau de l'évêque de Dol au XVe siècle, premier exemple de la Renaissance en Bretagne.

Clocher et porche : les éléments marquants

Entre le XIVe siècle et le XVIIIe siècle, une floraison d'églises et de chapelles de style gothique ou Renaissance, dont la plupart en pleine campagne, vont remplacer les édifices romans. Lesquels sont finalement peu nombreux et justifient d'autant plus la visite, notamment les vestiges de l'abbaye de Landévennec ou l'église Sainte-Croix de Quimperlé construite sur le modèle du Saint-Sépulcre.

Au XVIe siècle, le plan en forme de croix latine prend le relais sur la forme rectangulaire, où la nef, séparé du chœur par un arc de pierre, était souvent sans bas-côtés et sans fenêtres. Le clocher, fierté des populations, est édifié sur le modèle du clocher-pignon, plus léger et moins cher que le clocher tour. Celui de la chapelle Saint-Fiacre au Faouët est sans doute l'un des plus beaux de Bretagne. Autre élément marquant : le porche. Vaste et très décoré, il ouvre généralement vers le sud.

Pardons et grande troménie

Quand folklore et sacralité ne font qu'un

Conjuguant sacré et profane, les pardons plongent leurs racines au cœur de la culture druidique et illustrent l'originalité de la piété bretonne, notamment envers ses saints protecteurs.

De mai à octobre, de longues processions foulent la terre armoricaine. Des bannières aux couleurs vives, des croix et des statues de la Vierge ou des saints, des reliques portées par des hommes ou des femmes costumés traversent les villages. Les fidèles viennent y chercher le pardon de leurs fautes, exécuter un vœu ou demander des grâces. Les danses et les jeux traditionnels prennent le relais à la fin de la messe solennelle. Forme de pèlerinage et manifestation parmi la plus traditionnelle de la foi populaire en Bretagne, le pardon connaît un regain de fréquentation. Plus de 1000 sont ainsi fêtés chaque année en Bretagne ! Entre folklore et sacralité, on y trouve un écho aux quêtes spirituelles contemporaines, on y prend plaisir à chanter des cantiques en breton, on vibre de la ferveur d'une tradition ancestrale partagée.

Petits et grands pardons

Nombreux et variés, tous les pardons n'ont pas la même ampleur que celui de Saint-Anne-d'Aurey qui rassemble des milliers de personnes et de touristes. La plupart sont beaucoup plus modestes et dégagent sans doute davantage de ferveur religieuse. Parmi les plus connus, le pardon de Saint-Yves à Tréguier, celui de Notre-Dame-de-Bon-Secours à Guingamp, de la Saint-Guénolé à Batz-sur-Mer, ou encore celui de Notre-Dame du Folgoët.

La grande troménie de Locronan qui, tous les six ans, suit un parcours de 12 kilomètres, ouvre, paraît-il, les portes du paradis à ceux qui le suivent rigoureusement. Mais le plus connu reste le Tro-Breiz, « le tour de Bretagne ». Depuis le XIIe siècle, les sept saints fondateurs des évêchés armoricains sont vénérés dans un parcours de plus de 500 kilomètres passant par Saint-Malo, Saint Brieuc, Tréguier, Saint-Pol-de-Léon, Quimper et Vannes.

Les malouinières

Belles demeures dans l'arrière-pays de Saint-Malo

Gentilhommières construites par les bourgeois de Saint-Malo au XVIIe et XVIIIe siècles, elles égayent la campagne autour de la cité des corsaires. Et contribuent à forger son identité.

C'est dans la campagne du Clos Poulet que bourgeois, négociants et autres armateurs enrichis par une activité marchande en pleine expansion décidèrent d'y bâtir de vastes demeures estimant que l' « intra muros » ne pouvait pas leur offrir de logements assez grands.
Leurs caractéristiques ? Une architecture homogène constituée de cheminées élancées défiant les lois de l'équilibre, de toit à pente raide percé de lucarnes, de façade crépie de blanc et de parement de granit. Le plan en simple rectangle ou en H ainsi que l'alignement strict des ouvertures entourées de granit taillé s'inspire de l'architecture militaire adoptée pour la construction des hôtels particuliers de Saint-Malo. La Motte aux Chauff en est une belle illustration. Comme Le Lupin, la seule malouinière de Saint-Coulomb implantée en bord de mer, dont les fenêtres et lucarnes sont alignées dans une parfaite symétrie.

Des malouinières ouvertes aux visiteurs

Quatre malouinières présentant une façade symétrique et une toiture à pan sont implantées le long du ruisseau de Rothéneuf : la Ville Aze, les Courtils-Launay, les Barreaux et la Bréarde. Située sur une rive de l'étang de Sainte-Suzanne, la Mettrie aux Louëts a été bâtie en 1725. Grille, saut-de-loup, chapelle, colombier, cour d'honneur et jardin avec miroir d'eau lui donnent des allures de château.
On compte aujourd'hui une centaine de ces maisons nobles, pour la plupart habitée. Certaines peuvent se visiter. La Ville Bague notamment. Cette maison d'armateur construite en 1715 par un riche héritier d'une famille de négociants s'enorgueillit d'un joli parc à la française, d'une chapelle et d'un pigeonnier. L'intérieur de la malouinière avec son mobilier d'époque, son magnifique papier peint panoramique daté de 1815 et ses collections d'armes corsaires est une plongée dans l'histoire.

Les ports-abris du cap Sizun

Suspendus entre ciel et mer

D'Audierne ou de Douarnenez jusqu'à l'altière pointe du Raz, le cap Sizun abrite plusieurs ports-abris, la plupart érigés à flanc de falaise. Impressionnant !

L'anse du Loch, Bestrée, Feunteun Aod ou Porz Loubous… ces petits ports accueillent les bateaux dans des abris naturels aux creux des falaises du cap Sizun. Des infrastructures sommaires qui témoignent de la rude histoire des marins, contraints de s'adapter à un environnement extrême. Pour protéger leurs embarcations des tempêtes, ils ont utilisé chaque anfractuosité, chaque petite crique de la côte pour y aménager des abris de fortune. De là, ils pouvaient hisser leurs navires sur les falaises. Patrimoine emblématique du cap Sizun, ils sont une douzaine ainsi de petits havres agrippés de part et d'autres du cap mythique qui, tel un éperon de pierre, s'avance dans l'océan Atlantique, à l'extrême ouest de la Bretagne et qui s'achève par l'étrave déchiquetée de la pointe du Raz. Une terre où le vent dicte sa loi et rythme le temps, et où les vagues sont gigantesques.

Des plates-formes accrochées sur le vide

Une terre sauvage où pour survivre il fallait déployer des trésors d'ingéniosité. Ces installations portuaires lilliputiennes et originales, dotées pour certaines de plate-forme étroite accrochée sur le vide et de rampe abrupte, en sont la preuve patente.
Situé dans un cadre grandiose et sauvage d'où l'on embrasse la pointe du Raz et l'île de Sein, le Vorlenn est un bel exemple de petit port accroché à flanc de falaise. Comme celui de Feunteun Aod, dernier port en eau profonde avant la pointe du Raz. Quant à Bestrée, abri le plus proche de l'île de Sein, il était naturellement le point de départ pour le ravitaillement des Sénans et des gardiens des phares de la Vieille et de Tévennec. Petite crique devenue port il y a cent ans, Pors Poulhan marque la limite entre le cap Sizun et le Pays bigouden. Une statue de bigoudène veille sur les barques des pêcheurs et des plaisanciers.

Les moulins à marée

À la frontière entre terre et mer

Terre d'abers et de forts marnages, la Bretagne édifie le long de ses côtes, dès le XIIe siècle, des moulins à marée. D'aspect modeste et massif, ils révèlent une facette de la Bretagne éternelle.

Comme leur nom l'indique, ils ne pouvaient fonctionner sans les marées présentes sur cette terre d'estuaires envahis par la mer puis délaissés au jusant. C'est ce mouvement des marées qui est à l'origine de l'énergie des moulins. Établis dans de petites anses au bord des abers, ils sont accrochés à une digue de granit érigée entre deux rives rapprochées. À marée haute, ils accumulaient l'eau dans un bassin. Lors du reflux, l'eau retournait à la mer grâce au retrait d'une simple vanne entraînant au passage la roue et la meule à moudre le grain. Les moulins pouvaient être alimentés en grains par la terre et par la mer. La farine était ensuite chargée sur des chariots et sur des bateaux.
Comme pour les moulins à vent, l'arrivée du chemin de fer et de l'automobile mit fin à l'activité des minotiers, ces meuniers vivant au rythme des marées et par conséquent parfois la nuit.

Une centaine de moulins à marée

Également appelés moulins à eau bleue, les moulins à marées sont présents sur tout le territoire breton, particulièrement dans le golfe du Morbihan et sur les berges de La Rance où l'amplitude des marées est particulièrement importante. Au XIXe siècle, on en recensait une centaine sur l'ensemble des côtes bretonnes. Avec ses lucarnes ouvragées et ses corniches soignées datant du Moyen Âge, le moulin de Pen-Castel, à Arzon, dans la presqu'île de Rhuys, fait figure d'exception. La plupart des autres moulins à marée affichent plutôt une architecture traditionnelle rurale d'allure massive et austère.

Aujourd'hui, ces traces du passé breton méritent le détour. Certains de ces moulins ont été restaurés et sont ouverts aux visiteurs, comme à Bréhat le moulin du Birlot ou encore le moulin du Prat sur la Rance. D'autres ont été reconvertis en restaurant, brocante ou maisons particulières.

Les grandes manifestations

Le festival des Filets bleus

Aux sources de la tradition

Fête plus que centenaire, les Filets bleus de Concarneau offrent chaque année l'occasion de revivre la culture maritime et les coutumes bretonnes dans un déploiement de velours et de dentelles.

Avec sa grande fête, traditionnellement l'avant-dernier week-end du mois d'août, Concarneau se met aux couleurs du bleu intense des filets de pêche de la sardine. Cette couleur, se confondant avec la mer, était destinée à abuser la sardine qui, croyait-on, se laisserait prendre plus facilement. Devenus emblèmes de la fête, ces petits filets bleus sont accrochés aux façades des maisons et de la mairie et rappellent la genèse de cette manifestation considérée comme l'une des doyennes des fêtes traditionnelles bretonnes. C'est pour venir en aide aux marins et à leur famille victimes de la crise de la sardine en 1905 et totalement ruinés que la fête des Filets bleus fut créée. Au fil des années, la petite kermesse finistérienne initiale, devenue le festival des Filets bleus, s'est transformée en un rendez-vous incontournable de la tradition culturelle et maritime bretonne.

Costumes régionaux et bagadoù

Quelque 80 000 personnes assistent à ce festival de cinq jours à la programmation variée : musique et danse celtique pour tous les goûts (de la chorale traditionnelle au rock marin festif), jeux bretons (démonstrations et concours de lutte bretonne), fest-noz, vieux métiers, initiation à la danse bretonne, élection de la reine des Filets bleus, animations… et fameux défilé de cercles celtiques et bagadoù auquel prennent part 1 500 participants. Tout aussi remarquable : le défilé en costumes traditionnels où se mêlent velours, satins, dentelles et broderies dans un tourbillon de couleurs. Le dimanche soir, un feu d'artifice grandiose embrase la baie de Concarneau et marque la clôture de ce festival où la liesse populaire est contagieuse.

Le festival de Cornouaille à Quimper

Une riche vitrine de la vie culturelle bretonne

Chaque été, Quimper vit au rythme du festival de Cornouaille, l'une des plus anciennes et des plus importantes manifestations culturelles de France consacrées aux arts et traditions populaires.

Tout a commencé en 1923 lorsqu'un Quimpérois crée la fête des Reines, un événement destiné à mettre en valeur la richesse de la culture bretonne à travers les costumes, les danses et la musique. Le succès populaire est immédiat. Après la Seconde Guerre mondiale, cette manifestation gagne de l'ampleur. Aujourd'hui, elle s'inscrit au palmarès des festivals bretons. Durant six à neuf jours, en juillet, quelque 200 spectacles et animations font appel à des centaines d'artistes, danseurs et musiciens qui se produisent en journée et en soirée. Tous les publics, enfants, adultes, néophytes ou avertis, sont conviés à ce grand rendez-vous où s'exprime avec brio et convivialité la culture bretonne dans sa richesse et sa pluralité. Au menu : ateliers pour enfants, initiation à la danse bretonne, concours de sonneurs, concerts-cabarets, conférences, arts de la rue, concerts de musique du monde…

300 000 visiteurs

Et aussi : chorales, vieux métiers, théâtre, défilé de bagadoù, université d'été, fest-noz, expositions, créations (musicales ou théâtrales), élection de la reine de Cornouaille, etc. L'atmosphère est extraordinaire. Des artistes internationaux interviennent aux côtés des chanteurs, danseurs et musiciens bretons dont certains prennent leur envol au sein de cet événement. Au fil des années, les créations musicales du festival et son concept de rencontres se développent et symbolisent son « paradoxe » assumé : se tourner résolument vers l'avenir tout en conservant la culture et la tradition.
Le point d'orgue du festival de Cornouaille, qui attira ces dernières années près de 300 000 visiteurs, reste le grand défilé du dimanche matin dans le vieux Quimper. Plus de 3 000 danseurs et musiciens en provenance de la Bretagne et d'autres pays celtiques y participent. Unique !

Le Festival interceltique de Lorient

La celtitude à l'honneur

Au son des cornemuses et des pipe-bands, Lorient bat son plein chaque année lors de son festival. Une manifestation où le cosmopolitisme celtique rayonne dans une ambiance de fête endiablée !

Ils sont autour de 700 000, chaque année, à se rendre à Lorient au mois d'août pour une plongée celtique. La première édition du festival est née en 1970. Le concept, novateur, consiste à promouvoir l'interceltisme, soit de contribuer au développement de la musique et de la culture bretonne tout en s'ouvrant vers les nations d'implantation celte (Écosse, pays de Galles, Cornouailles, Ile de Man, Irlande, Galice et Asturies). Au fil du temps, le cosmopolitisme celte s'est enrichi des nouvelles migrations.
Ce grand rendez-vous annuel qui se déroule sur dix jours touche toutes les formes de musiques celtiques, à la fois traditionnelles et métissées, des chants millénaires au folk, au rock, au jazz, en passant par les œuvres symphoniques. À la musique se mêlent le cinéma, les arts plastiques, la danse, l'histoire, la littérature, la lutherie, etc.

200 spectacles à l'affiche

À l'affiche de cette programmation interculturelle : environ 200 spectacles (dont 60 % sont gratuits), 5 000 artistes internationaux (musiciens, chanteurs, danseurs, plasticiens, universitaires, cinéastes), des expositions, des diaporamas, des projections de films… et la mise à l'honneur d'une nation étrangère tous les ans. La diversité d'activités est impressionnante : fest-noz, ateliers de musique, conférences, concerts tous les jours sur des scènes et dans les bars de la ville, master class d'instruments celtes, défilés, concours de cornemuse, de gaïta, de harpe celtique, de batterie, de pipe-bands… Et même du sport (course de voile, golf, vélo, course à pied) ! Le clou final : la grande parade des nations celtes, où 3 000 danseurs, chanteurs et musiciens défilent dans les rues lorientaises et attirent chaque année plus de 40 000 spectateurs.

La fête des Remparts à Dinan

Plongée médiévale à l'ombre des murailles

Un week-end estival tous les deux ans, l'ancienne cité féodale accueille une foule costumée pour une immersion médiévale bigarrée où animations de rue, spectacles et foires battent leur plein.

Des centaines de comédiens en costumes médiévaux, des hordes de chevaliers, des échoppes et des artisans, dive bouteille et viande rôtie à la broche… une année sur deux, et seulement les années paires, l'avant dernier week-end de juillet, Dinan remonte le temps pour une plongée dans le Moyen Âge, à l'époque où elle était la troisième ville fortifiée de Bretagne. Sa fête médiévale, créée en 1983, connaît un succès sans faille au fil des années. L'ambiance, festive et conviviale à souhait, se vit quasiment jour et nuit sans discontinuer.
Plus de 100 000 visiteurs affluent dans les rues de la vieille ville. Des visiteurs pour la plupart costumés, et qui redonnent à la ville ses couleurs historiques. Magnifiquement conservés dans leur ensemble, les remparts se développent sur près de trois kilomètres et composent un décor ad hoc pour l'une des plus importantes fêtes médiévales de France.

Découverte du Moyen Âge à travers une thématique

Depuis 2004, les spectacles et animations de chaque édition sont choisis en fonction d'un thème. « La route de la soie », « Les contes et légendes », « La construction au Moyen Âge », « Les peurs médiévales » et, en 2012, pour la vingtième édition, « Fêtes princières et liesse populaire » : les thèmes retenus permettent d'affiner la programmation et de vivre encore mieux un « revival » médiéval sur les places dinannaises et dans ses ruelles aux belles maisons à pans de bois. Entre spectacles sur planches, danses, musiques, animations de rue et défilé final, l'immersion est immédiate. Parmi les dernières programmations : l'indémodable tournoi de chevaliers, la reconstitution de la forêt aux Grands-Fossés où rôdent ours et loups et l'invasion d'un village russe par les Mongols (jouée par des comédiens russes et tchèques). Dépaysement garanti !

Le festival Étonnants Voyageurs à Saint-Malo

L'ailleurs à l'honneur dans la cité des corsaires

Ouverte sur le large et le voyage, Saint-Malo accueille chaque année le festival Étonnants Voyageurs. Un événement littéraire qui brasse les cultures et les genres, ponctué de rencontres et de débats.

« *La route de la soie, la piste de l'encens, les caravanes du sel dans le vent du désert : nous rêvons d'aventure, de saut dans l'inconnu, de la griserie de ce que serait une "première fois", et nous n'en finissons pas de mettre nos pas dans les pas de ceux qui nous ont précédés, aventuriers, nomades, ou géographes* », annonçait la première édition de ce festival en mai 1990. Plus de vingt ans après, cet événement littéraire rassemble 250 auteurs du monde entier et propose une riche programmation : rencontres, cafés-littéraires, petits déjeuners avec les auteurs, spectacles, expositions, films et documentaires, lectures, animations jeunesse, rencontres gourmandes… Près de 3000 m^2 d'espace librairie se déploient : plus 200 éditeurs et une douzaine de libraires se donnent rendez-vous durant trois jours pour créer une vitrine de la scène littéraire et un lieu de partage avec le public.

Jim Harrison, J.M. Le Clezio, Russell Banks...

On y rencontre des auteurs, dont Jim Harrison, Ella Maillart, Francisco Coloane, Jean-Marie Le Clézio, Russell Banks… Depuis sa création, Étonnants Voyageurs s'est affirmé comme un rendez-vous incontournable pour tous les amoureux d'une littérature aventureuse où le multiculturalisme est à l'honneur. Sans considération de genres, roman, récit de voyages, B.D., science-fiction ou roman noir rendent compte d' *« une littérature nomade, diverse, colorée, inventive, brassant les identités et les cultures »*. C'est en cela que réside la grande originalité de ce festival du livre pas comme les autres où les cinéastes sont de plus en plus nombreux à venir, développant ainsi de nouvelles passerelles entre cinéma et littérature. Un certain nombre de prix sont décernés dont le prix Gens de mer, le prix Joseph Kessel et le prix Nicolas Bouvier, qui récompense le meilleur récit de voyage.

Les Fêtes maritimes de Brest

Parades navales uniques et éclectiques

Immense manifestation estivale, c'est la grande fête des bateaux et équipages avec ses vieux gréements et sa flottille extraordinaire voguant dans l'une des plus belles rades de Bretagne.

Tous les quatre ans, depuis 1992, c'est LE rassemblement nautique, unique, magique, éclectique. Brest rassemble en son port des gréements traditionnels mais aussi d'innombrables expositions sur le patrimoine et le folklore maritime : balises, phares, moulins à marées, ex-voto marins, techniques ostréicoles. L'enceinte militaire de la Penfeld est ouverte pour l'occasion. Un flot ininterrompu d'embarcations, bigarrées, de toutes tailles, de tous horizons, parmi lequel des navires modernes, des bateaux de plaisance classiques ainsi que les plus grands voiliers du monde viennent parader. Du canot au trois-mâts majestueux, du remorqueur au paquebot, du petit misainier breton au yacht classique, Brest rassemble une flotte extraordinaire. Cette fête de marins dédiée à tous les publics qui souhaitent découvrir et mieux comprendre le monde de la mer offre un spectacle inoubliable.

Tonnerre de Brest !

De nombreuses répliques de vaisseaux historiques du monde furent construits lors de la première édition dans le cadre du concours Bateaux du patrimoine des côtes de France. En 2004, la manifestation accueille 2 000 voiliers traditionnels ou d'inspiration classique et s'achève par une régate autour de la presqu'île de Crozon. Vingt-cinq nations sont représentées.
En juillet 2012 la fête prend le nom de Tonnerre de Brest, expression typiquement et culturellement brestoise. Elle évoquait le bruit des canons qui tonnaient autrefois lors de l'évasion d'un bagnard. Aujourd'hui, ils annoncent le départ d'une régate. Tonnerre de Brest 2012, édition marquant les 20 ans de l'événement, exprime sans aucun doute l'ampleur et la résonance des fêtes de la cité océane.

Le pardon de Saint-Anne-d'Auray

Le grand pardon de Bretagne

La Bretagne cultive avec force son identité en entretenant des traditions culturelles et religieuses séculaires. Le pardon de Sainte-Anne et la ferveur populaire qui en émane en sont une belle illustration.

Manifestations de la foi religieuse, les pardons bretons se déroulent dans des églises ou chapelles consacrées par une tradition parfois millénaire. Cérémonies populaires hautes en couleurs au cours desquelles sont hissés bannières, statues et reliques, on y vient pour se repentir, partager une foi commune ou en simple visiteur.

Le pardon le plus important de Bretagne est sans aucun doute celui de Sainte-Anne-d'Auray, petite cité entre terre et mer où apparut la grand-mère de Jésus à un laboureur. Répandu en Occident au retour des croisades, le culte de cette sainte, favorisé par la duchesse Anne, a fait de la mère de la Vierge Marie la sainte patronne des Bretons. Un dicton assène que « Mort ou vivant, à Sainte-Anne une fois doit aller tout Breton ». Premier lieu de pèlerinage breton, la petite ville de 2 000 âmes accueille, les 25 et 26 juillet, entre 15 000 et 20 000 personnes.

Un « Lourdes « breton

Des milliers de pèlerins ou de curieux en quête de pittoresque viennent de la France entière honorer la « bonne grand-mère » et boire à la fontaine miraculeuse. Et cela depuis presque quatre siècles. À la *scala sancta* où les pèlerins gravissent les marches à genoux en signe de pénitence, la ferveur est manifeste. Lors de la traditionnelle procession, suivie par une grande messe en plein air, les bannières à l'effigie de sainte Anne sont accueillies par des chants et des cantiques. La sainte est souvent représentée avec un manteau de couleur verte, symbole de l'espoir, ou avec son enfant, la Vierge Marie. Après la messe, le pardon revêt des couleurs plus laïques. On y admire les costumes traditionnels en déambulant devant des stands hétéroclites où sont disposés chapelets, tasses bretonnes et autres bibelots.

Les Trans Musicales de Rennes

Cocktail musical branché et métissé

Les Rencontres Trans Musicales de Rennes sont devenues un rituel hivernal durant la première semaine de décembre. Au menu : un panel brassé de musiques actuelles et de belles surprises artistiques.

Disco, rock, soul, mélodies anglo-bretonnes, hip-hop, jazz, hybridations électroniques… Chaque année, les Trans, qui ont révélé Lenny Kravitz en 1989, concoctent une programmation artistique entre révélations et confirmations musicales. De quoi mettre les festivaliers en… transe ! Quelque 80 groupes allant du rock, du reggae au rap et à l'electro, de l'electro-house au punk et mêlant le plus souvent les genres attirent près de 60 000 spectateurs. Entre les salles en centre-ville et les scènes du parc des expositions de Rennes, la cité bretonne vit au rythme des concerts durant trois à quatre jours selon les années. L'ambiance est au zénith !
Depuis 1979, année de leur naissance à l'initiative de l'association rennaise « Terrapin » (en référence au morceau « Terrapin Station » du groupe Grateful Dead), les Trans Musicales sont devenues sans conteste un rendez-vous international.

Défricheuses de talent

Fidèles à l'esprit de leur dernier édito : « *Les frontières s'estompent, les époques se confondent, les genres s'enchevêtrent* », les Trans mettent en avant une programmation musicale radicalement axée sur la découverte. Les révélations du festival sur les groupes en développement de la scène régionale et européenne deviennent ainsi régulièrement les têtes d'affiches du lendemain. C'est à Rennes ainsi qu'ont joué pour la première fois en France Björk, Ben Harper, Lenny Kravitz, et que se sont révélés au public Étienne Daho, Arno, Stephan Eicher, Les Négresses Vertes, Bérurier Noir, Daft Punk, Amadou & Mariam, Birdy Nam Nam, entre autres artistes. Les Trans Musicales et leur concept original se sont exportées en Chine, en Norvège et, dernièrement, en République tchèque et en Russie, encourageant ainsi des artistes francophones.

Le festival des Vieilles Charrues à Carhaix

Affiche éclectique et esprit festif

Créés par une bande de copains en mal de fête, les Vieilles Charrues ont très vite gagné leurs lettres de noblesse et s'imposent désormais comme le plus grand festival français de musiques actuelles.

De Lou Reed à Pierre Perret, d'Eddy Mitchell à Jean-Louis Aubert, David Guetta et Snoop Dogg, pour ses 20 ans, en 2011, le Festival des vieilles charrues a plus que jamais réaffirmé sa vocation : une programmation artistique variée et accessible à tout public durant quatre jours. Sa recette : une ou deux têtes d'affiches internationales par jour, une vedette française et des artistes confirmés avec, en prime, des coups de cœur et des découvertes. Ainsi, derrière les « locomotives », se produit une centaine de groupes très divers dans leur style, leur nationalité et leur niveau de notoriété.

Cette édition-anniversaire a pulvérisé les records avec 270 000 festivaliers et plus de 5 000 bénévoles. La bande de copains, à l'origine de ce festival populaire et convivial, peut se targuer d'avoir fait venir Bruce Springsteen en 2009 puis Mika en 2010.

Le plus grand festival de musique en France

D'autres concerts mythiques resteront dans les annales, notamment l'époustouflante prestation de Noir Désir en 2001 ou celle d'Alain Bashung en 2004. Un autre joli souvenir glané parmi tant d'autres : Hugues Aufray et son tube inoxydable « Santiano » repris par 60 000 personnes en 2004.

C'est réellement à partir des années 2000 que le festival prend sa vitesse de croisière et se positionne comme le plus grand festival de musique en France en terme de fréquentation. Dès 2006, c'est désormais avec les plus grands événements musicaux européens que Les Vieilles Charrues se mesurent. Pour fêter sa quinzième édition, en 2007, un concert spécial de Johnny Hallyday ouvre le festival. Cette même année a lieu pour la première fois un festival de printemps sur trois jours : Les Vieilles Charrues remettent le son, toujours sous le mode de l'éclectisme et de la qualité, sa marque de fabrique avérée.

Les personnalités remarquables

Saint Yves

Le bien aimé saint patron de la Bretagne

Saint le plus populaire de Bretagne, Yves, ou Erwan en breton, est prêtre et official du diocèse de Tréguier au XIIIe siècle. Il consacra sa vie à la justice et aux pauvres, fuyant les honneurs.

Considéré comme le saint patron de toutes les professions de justice et de droit, notamment celle d'avocat, saint Yves est également le grand saint patron de la Bretagne. C'est en 1253, sous le règne de saint Louis, qu'Yves Hélory de Kermartin voit le jour dans les environs de Tréguier. Issu d'une famille noble, il étudie à Paris puis à Orléans. Déjà, il se fait remarquer par sa vie de privation en faveur des pauvres. En 1284, l'évêque de Tréguier le nomme official, ou juge ecclésiastique, et l'ordonne prêtre. Il lui confie successivement les paroisses de Trédrez et de Louannec, proches des terres de son enfance. Il acquiert très rapidement une réputation d'honnêteté et de bonté qui attire les foules. Il abandonne ses riches habits pour se vêtir simplement. Il héberge malades, orphelins et mendiants dans sa propre maison où il dort sur une grosse pierre en guise d'oreiller.

L'avocat des pauvres

Trois fois par semaine il s'impose le jeûne. Un jour, il vend son cheval sur la route du Trégor pour donner l'argent récolté aux pauvres. L'« avocat des pauvres », outre son sens admirable de l'équité, est également apprécié pour la justesse de ses sermons donnant lieu à de nombreuses conversions. Prêchant en breton, alors que ses prédécesseurs le faisaient en latin, il rend ainsi accessible au peuple la compréhension de l'Évangile.

Après une vie d'ascèse, de prière et de partage, il meurt le 19 mai 1303. Il est canonisé moins de cinquante ans après son décès. Enterré dans la cathédrale Saint-Tugdual de Tréguier, son culte s'est étendu à travers toute l'Europe et même outre-Atlantique. Le « pardon des pauvres », l'un des plus fervents de Bretagne, se déroule à Tréguier, chaque année, le 19 mai. À cette occasion, la châsse contenant le crâne de saint Yves est portée en procession.

Bertrand du Guesclin

Le héros légendaire de la guerre de Cent Ans

Il est l'incarnation du chevalier par excellence, courageux et rusé, l'immense figure de la guerre de Cent Ans. Pendant près de trente ans, il mit sa hardiesse au service de la couronne de France.

Une chronique affirme qu'il fut *« l'enfant le plus laid qu'il y eût de Rennes à Dinan »*. Une tare qui vaut à l'aîné des six enfants du Guesclin, né vers 1320 près de Dinan, l'opprobre paternel. Le jeune Bertrand se fait alors remarquer par sa force et son habileté. Lors d'un tournoi sur la place des Lices à Rennes, il défait, masqué, tous ses adversaires, avant de refuser de combattre son père en inclinant sa lance par respect au moment de la joute. Il a 15 ans. Son père reconnaît enfin sa hardiesse et s'écrit : *« Beau fils, je ne vous traiterai plus vilainement. »*
Soutenant Charles de Blois, imposé par le roi de France, contre Jean de Montfort pour l'héritage du duché de Bretagne, c'est en guerroyant plusieurs années dans la forêt de Paimpont et ses alentours qu'il devient celui que les Anglais vont craindre : le Dogue noir de Brocéliande. Ces débuts épiques le mènent vers la gloire.

Chef des armées royales

En 1357, il participe à la défense de Rennes assiégée par le duc de Lancastre. Charles de Blois l'adoube alors chevalier, le nomme capitaine de Pontorson et du Mont-Saint-Michel (l'une des rares places fortes du Moyen Âge à résister aux Anglais pendant la guerre de Cent Ans). Il enchaîne par la suite les victoires qui lui valent la célébrité dans tout le royaume. Il endosse notamment les titres de duc de Longueville, duc de Molina après avoir rétabli Henri de Trastamare sur le trône d'Espagne et, enfin, connétable de France, en 1370, par Charles V. Sa grande entreprise consistera à expulser les Anglais. Contrairement aux habitudes de la chevalerie française, il préfère reconquérir méthodiquement des provinces, assiégeant château après château. Il meurt le 13 juillet 1380, lors du siège de Châteauneuf-de-Randon, après avoir combattu en plein soleil. Son corps est déposé à Saint-Denis.

Gilles de Rais
Le « Barbe Bleue breton »

Grande figure de la guerre de Cent Ans, mais aussi incarnation de Barbe Bleue, Gilles de Rais sera condamné pour sorcellerie, sodomie, et meurtres d'enfants. Son nom restera synonyme d'horreur.

Né en 1404 au château de Machecoul, capitale du pays de Retz, Gilles de Rais est à la tête de l'une des plus grandes fortunes de Bretagne. Héritier à 20 ans d'un patrimoine considérable, il épouse Catherine de Thouars qui lui apporte en dot de nombreuses terres. Il devient l'un des plus riches seigneurs du royaume. Petit-neveu du connétable Bertrand du Guesclin – héros du siècle précédent – il lutte contre les Anglais au service du roi Charles VII, qui le fait maréchal. Durant la guerre de Cent Ans, dont il sera l'un des héros, il combat aux côtés de Jeanne d'Arc. De retour en Bretagne, suite à son échec avec la Pucelle d'Orléans lors du siège de Paris, il tombe peu à peu dans la décadence. Il mène un train de vie coûteux entretenant une garde de 200 hommes à cheval, de chapelains, d'enfants de chœur, de musiciens et autres serviteurs, la plupart agents ou complices de son libertinage.

Entre sorcellerie et offices religieux

Criblé de dettes, il vend des propriétés et se tourne vers l'occulte et la sorcellerie, espérant trouver la pierre philosophale permettant de changer le plomb en or. Personnage paradoxal à l'excès, tandis qu'il fait l'aumône en l'honneur du démon, il continue de pratiquer les offices religieux dans sa chapelle tapissée de drap d'or et de soie. Les rumeurs commencent à naître sur des disparitions inexpliquées d'enfants dans les environs de son château. Il est arrêté le 10 septembre 1440 par l'évêque de Nantes et emprisonné dans le château nantais. Le procès s'ouvre et les horreurs se révèlent, celles commises notamment dans son château de Tiffauges en Vendée. Témoins et complices racontent, qu'entre 1432 et 1440, il aurait tué plus de 140 enfants dans des souffrances extrêmes alliant la pédophilie au sadisme. Les juges, écœurés, le condamnent à être brûlé, le 27 octobre 1440, à Nantes.

Anne de Bretagne

La grande figure emblématique de la Bretagne

Dernière duchesse de Bretagne et deux fois reine de France, Anne de Bretagne est, avec saint Yves, le personnage historique le plus populaire de Bretagne.

Sous Louis XI, les rois de France veulent affermir le pouvoir étatique. En 1488, le duc François II, père d'Anne de Bretagne, doit promettre par le traité de Sablé de ne pas marier sa fille sans le consentement du roi de France. Anne, née en 1477 au château des ducs de Bretagne à Nantes, n'a que 12 ans mais déjà un caractère bien trempé. Lequel est sans doute dû à une enfance rythmée par les trahisons des seigneurs bretons et les manœuvres répétées de la France pour s'approprier le duché. Déterminée à résister aux Français, elle décide d'épouser par procuration Maximilien de Habsbourg. Immédiatement, la France déclare la guerre à la Bretagne et l'armée vient mettre le siège devant Rennes, où s'était réfugiée Anne. La jeune fille finit par se résigner. À 15 ans, elle épouse Charles VIII au château de Langeais. Elle devient reine de France tout en parvenant à conserver le duché.

Son cœur repose en terre bretonne

Lorsque Charles VIII meurt en 1498, Anne en profite pour restaurer une certaine indépendance dans son duché. Elle frappe sa monnaie, rétablit la chancellerie et réunit ses états. Puis elle épouse à Nantes, en 1499, le successeur du défunt roi, Louis XII d'Orléans, sacré roi. Fidèle à ses convictions, elle pose ses conditions. Le contrat stipule ainsi que la Bretagne reste autonome. La péninsule connaît de ce fait une période prospère et paisible.
À sa mort, le 9 janvier 1514, elle devient le symbole de la Bretagne, la figure emblématique dans laquelle le peuple breton se reconnaît. Inhumée dans la basilique royale de Saint-Denis, son cœur repose à Nantes selon sa volonté.
À la mort de Louis XII, en 1515, sa fille aînée Claude hérite de la couronne ducale. Elle épousera François d'Angoulême, futur François Ier, qui publiera l'édit d'union entre le duché de Bretagne et le royaume de France.

René Duguay-Trouin

L'illustre corsaire malouin

Capitaine d'un bateau corsaire à 18 ans, Duguay-Trouin s'illustre dans les guerres de course contre les Anglais et les Hollandais. La seule année 1709, il aurait capturé plus de trois cents navires !

Né en 1673 à Saint-Malo d'une famille de marins, son père souhaitait qu'il devint prêtre. Il sera l'un des plus célèbres marins du siècle de Louis XIV, l'un de ceux qui auront le mieux servi la France dans les guerres de course. Il commence sa carrière comme corsaire et reçoit à 18 ans le commandement d'un bateau avec lequel il capture plusieurs navires anglais. Fait prisonnier en 1694, il parvient à s'évader de la prison de Plymouth dans des conditions rocambolesques. Il s'illustre à nouveau en attaquant un convoi hollandais près des côtes d'Espagne et capture l'amiral Wassenaer avec plus de 500 hommes. Cet exploit et ses talents lui valent d'être admis en 1697 dans le « Grand Corps » de la Marine royale avec le grade de capitaine de frégate. Dès lors, ses années de commandement sont une suite quasiment ininterrompue de victoires retentissantes sur les flottes anglaises et hollandaises.

« Le courage lui a donné sa noblesse »

Il multiplie les prises, qui totaliseront, pour la seule année 1709, plus de 300 navires.
L'un de ses plus hauts faits d'armes qui marquera l'apogée de l'intrépide navigateur : la victoire en 1711 de Rio de Janeiro, refuge des flottes anglaises et hollandaises. En onze jours, il parvient à faire tomber la ville jugée imprenable grâce à des moyens hors normes dont 12 navires de la Marine royale et lui impose une très forte rançon. Cette prise le consacre définitivement comme l'un des plus grands corsaires et marins français. Après ce nouvel exploit, René Duguay-Trouin est anobli. Ses lettres de noblesse lui attribuent la devise *« Dedit haec insigna virtus »*, autrement dit, *« Le courage lui a donné sa noblesse »*.
Après une vie d'exploits et d'honneurs, il se retire à Saint-Malo pour rédiger ses mémoires et meurt en 1736.

Robert Surcouf
Le célèbre corsaire-négrier

Figure emblématique de la cité corsaire, Robert Surcouf se lance dans la guerre de course en 1795 après avoir pratiqué la traite des Noirs. Il sera l'un des armateurs les plus riches de Saint-Malo.

Il symbolise à lui seul la grande saga des corsaires. Né en décembre 1773, Robert Surcouf répond très jeune à l'appel de la mer. Embarqué dès l'âge de 13 ans comme mousse, il deviendra capitaine-marchand à 20 ans ! Très vite, il pratique la traite, en dépit de l'abolition de l'esclavage. Sur l'Aurore puis sur le Courrier d'Afrique, il participe à la traite négrière entre le Mozambique et l'île de France. Dès 1795, il se lance dans la course contre les navires de commerce anglais et écume les eaux de l'océan Indien. Il y acquiert une réputation de redoutable corsaire, faisant des prises exceptionnelles. L'une de ses plus célèbres est celle du navire Kent le 7 octobre 1800, après laquelle sa tête est mise à prix par les Anglais. Quelques années plus tard, Surcouf repart sur l'océan Indien et revient avec une très riche cargaison de produits coloniaux.

Le roi des corsaires

Comme tous les corsaires, avant ses conquêtes maritimes, Surcouf reçoit une « lettre de course » de la part du roi l'autorisant à attaquer les navires de guerre ou marchands ennemis, sans être assimilé aux pirates. Lesquels couraient le risque d'être pendus. Durant cette guerre de course où il s'illustre au point d'être surnommé Le Roi des corsaires, il amasse une énorme fortune, étant autorisé à garder le tiers de ses prises et à les faire fructifier. Il rejoint, avec les armateurs de Saint-Malo mais également les navigateurs, les explorateurs et les grands écrivains malouins, le cercle des « Messieurs de Saint-Malo ». Son audace folle, sa gaieté et son impressionnante énergie l'auréolent de légende.
À 36 ans, richissime, Surcouf se retire avec sa femme à Saint-Malo et devient négociant, armateur et notable, tout en continuant à accroître sa fortune. Il décède le 8 juillet 1827.

Charles le Goffic

Une œuvre prolifique pour célébrer « l'âme bretonne «

Chroniqueur d'une Bretagne en train de disparaître, Charles le Goffic dépeint son attachement viscéral à sa terre natale dont il vante la « noblesse et le charme pénétrants » de ses habitants.

Né à Lannion le 14 juillet 1863, Charles Le Goffic est le dernier né d'une famille de 15 enfants. Il hérite de son père, libraire imprimeur, le goût des lettres. Il passe son enfance entre Ploumanac'h près de Perros-Guirec et Trégastel où il achètera avec sa femme, des années plus tard, une petite ferme. L'un de ses romans, Morgane la sirène, se déroule dans ces lieux sauvages entre terre et mer.
Agrégé, il démarre sa carrière dans l'enseignement et fonde, en 1886, avec Maurice Barrès, une revue littéraire, *Les chroniques.* Amoureux de sa terre natale, il y introduit en 1895 la great highland bagpipe (grande cornemuse écossaise) devenue le biniou bras. Régionaliste, il défend à sa manière une identité bretonne particulièrement mise à mal sous la IIIe République. Il est notamment barde d'honneur de la Gorsedd de Bretagne sous le nom d'Eostik ar Garante (Le Rossignol de l'Amour).

« Toute la Bretagne veut entrer ici avec vous »

Romancier, poète et critique littéraire, parlant parfaitement le breton, il publie une œuvre prolifique. La plupart de ses recueils de poésie et ses romans sont consacrés à la Bretagne à laquelle il voue un si fort attachement : *Amour breton, Le Pardon de la reine Anne, Le Treizain de la nostalgie et du déchirement, Morgane, Passions celtes, L'Abbesse de Guérande, Les Contes de l'Armor et de l'Argoat, Brocéliande*... À travers son œuvre, il célèbre la Bretagne, *« ce cap avancé du monde, dans le crépuscule éternel du jour où la vie est toute embrumée de mystère »*. Il est élu à l'Académie française le 22 mai 1930. Henry Bordeaux, qui le reçoit, l'accueille par ses mots : *« Toute la Bretagne veut entrer ici avec vous. »* Il meurt le 12 février 1932. Sa tombe, surmontée de son buste sculpté, érigé par souscription nationale, est visible dans l'enclos de l'église du bourg de Trégastel.

Bécassine

Une fausse naïve au cœur d'or

Bouille ronde sans bouche et nez minuscule, encadrée par deux cornettes et une coiffe bretonne, la première héroïne de BD est un personnage légendaire lié à la culture bretonne.

Dans les années 70, Chantal Goya faisait vibrer la salle avec l'inoxydable *« Bécassine, c'est ma cousine ! »* Personnage légendaire lié à la culture bretonne, il ne fait pourtant pas toujours l'unanimité. La bonne Bretonne, ses mains larges et ses sabots, qui enchaîne gaffe sur gaffe, en agace plus d'un qui estime que Bécassine renvoie une image caricaturale de la femme rurale bretonne.

La première héroïne de BD est née au début du siècle dernier dans le premier numéro de la *Semaine de Suzette*, hebdomadaire destiné aux petites filles. Bécassine – alias Annaïck Labornez – prend vie sous la plume de Jacqueline Rivière (plus tard relayée par celle de Caumery) et le pinceau du dessinateur Pinchon. Une centaine de récits dans le journal jusqu'en 1913 puis 28 albums jusqu'en 1950, sans compter les rééditions : les aventures la petite Bretonne au cœur d'or ont traversé les âges.

Centenaire sans une ride

Le personnage, centenaire aujourd'hui, n'a pas pris une ride. Le scénario est simple et efficace : l'héroïne vit avec sa famille dans un village reculé de l'Ouest armoricain, près de Quimper. Elle travaille à 10 ans, devient apprentie couturière, puis serveuse chez le restaurateur Bogozier avant d'être embauchée par la marquise de Grand-Air à Paris. On revit avec ce personnage sans âge et maladroit les grandes étapes du siècle dernier, la crise de 29, l'exode rural, le Front populaire, la guerre et la Résistance.
Boniche et maligne, Bécassine déjoue les pièges des bourgeois, observe le monde et s'instruit en permanence. Au fil du temps, on la voit conduire une voiture, parler espagnol, pratiquer l'alpinisme et la natation, enseigner la lecture aux enfants. Ce qui était loin d'être fréquent à cette époque, surtout pour une femme. Une fausse naïve finalement très loin d'être idiote.

Éric Tabarly
Un marin hors norme

Surnommé Le Sphinx de Bénodet, le navigateur d'exception, disparu en mer le 13 juin 1998 sur son bateau fétiche Pen Duick, marquera toute une génération de navigateurs et de coureurs hauturiers.

Dès l'âge de 3 ans, Éric Tabarly navigue avec ses parents à bord d'Annie, le bateau familial. Tous les week-ends, il croise en Bretagne Sud et contracte ainsi le virus de la voile. En 1938, son père achète le célèbre Pen Duick signifiant littéralement « petite tête noire ». Abandonné dans la vase, le bateau sera sauvé des années plus tard par Éric qui moulera la coque de bois pour en reconstituer une copie en résine. Tabarly et Pen Duick, dès lors, seront associés pour toujours.

En 1952, Éric a 22 ans et s'engage dans la Marine nationale. Il se lance ensuite dans la course au large. La victoire remportée à l'issue de la course transatlantique en solitaire en 1964, à bord d'un voilier de sa conception, le Pen Duick II de 13,60 mètres, marque son envol. À la suite de cet exploit qui fait redécouvrir la voile à la France, il est nommé chevalier de la Légion d'honneur par le général de Gaulle.

Architecte de la voile moderne

Malgré la rupture de son pilote automatique et des conditions météo difficiles, il remporte une deuxième fois cette course mythique en 1976, à bord de Pen Duick VI devant Alain Colas et son Club Méditerranée. Une victoire française qui met fin à la domination anglaise dans cette spécialité. À son retour, il descend triomphalement les Champs-Élysées. Un sondage réalisé par *L'Équipe* le classe alors en tête des sportifs les plus populaires.

Au fil des ans, il forme toute une génération de coureurs océaniques et contribue, par ses victoires, au développement des activités nautiques. Il transmet sa passion à Olivier de Kersauson, Alain Colas, Titouan Lamazou et bien d'autres.

Dans la nuit du 12 au 13 juin 1998, alors qu'il convoyait en équipage Pen Duick pour un rassemblement de voiliers en Écosse, il meurt projeté par-dessus bord. Son corps est retrouvé un mois plus tard par des pêcheurs.

Auteurs : Angèle d'Armor, Félix d'Argoat, Céline Willefrand, Blandine Fleury
Aquarelles : Irina Sarnavska – Lenivitz Production

EDITIONS ESI
60, rue Vitruve, 75020 Paris

Imprimé en République tchèque par FINIDR

ISBN : 978-2-8226-0057-6
N° Sofedis : S498385